EASY LATIN

FOR SECONDARY SCHOOLS

SELECTIONS

FROM

RITCHIE'S FABULAE FACILES, LHOMOND'S
URBIS ROMAE VIRI INLUSTRES, AND
GELLIUS' NOCTES ATTICAE

EDITED, WITH INTRODUCTION, MODELS
FOR WRITTEN LESSONS, IDIOMS, AND ANNOTATIONS

BY

B. L. D'OOGE
MICHIGAN STATE NORMAL SCHOOL

GINN & COMPANY
BOSTON · NEW YORK · CHICAGO · LONDON

The Athenæum Press
GINN & COMPANY · PRO-
PRIETORS · BOSTON · U.S.A.

PREFACE.

———•✦•———

THIS little book is put forth with the hope that it will lead to more sight reading in secondary schools. While theoretically all agree that nothing is more helpful and inspiring, practically but few give it the attention it deserves. When sight reading is made to mean loose guessing and inexact interpretation of Latin as a refuge from hard study and scholarly habits, nothing can be urged in its defense ; but properly understood as a method by which one may be safely and surely led to read and understand Latin as Latin, to take in its thoughts easily in the order in which they are presented, with no conscious appeal to English, we must all acknowledge its primary importance.

Poor results in the study of Latin are largely due to misdirected energy. Students learn much about the language, but do not learn the language itself. They get the form, but not the substance. While no language can be learned without knowing its grammar and syntax, the amount of such knowledge that is necessary to one who seeks only the meaning of the text is much smaller than is often supposed; and however valuable close grammatical analysis may be for other purposes, it may, and no doubt often does, seriously impede progress towards rapid reading and intelligent appreciation. The man who parsed Milton's "Paradise Lost" from beginning to end can hardly have felt the poet's inspiration, whatever he may have learned of formal grammar.

Students can never really enter the field of Latin literature nor read it widely and appreciatively who cannot understand it as it is written, without change of order and without formal translation. We translate far too much, we read the original far too little. Students should be taught to read, and to understand as they read, without translation, from the very beginning. The aim from the outset should be to learn to read Latin. This is not so difficult as it seems, and pupils in secondary schools can with proper instruction acquire considerable facility in this direction.

Many of us have felt the lack of just the right kind of reading-matter for beginners to grapple with. The ancients did not write for babes and sucklings, and the Latin offered for translation at sight is mostly meat too strong for young beginners. Latin that is too hard is worse than useless, and leads to nothing but discouragement and self-depreciation. Students must feel that they can conquer and are conquering from day to day. It has seemed to me that for a well-graded series of selections for secondary schools nothing better can be found than Ritchie's *Fabulae Faciles*, Lhomond's *Urbis Romae Viri Inlustres*, and Gellius' *Noctes Atticae*. The selections have accordingly been made from these three sources. The *Fabulae Faciles* may be used to advantage during the latter half of the first year and the first part of the second; the selections from *Viri Romae* come next in difficulty, and then those from Gellius. It has been my purpose to afford sufficient and suitable material for the entire preparatory course. It is hoped that, far from being an added burden to students already overworked, the use of this book will greatly facilitate the progress through the required work.

From considerable experience with classes in sight reading and from the experience and publications of others, I have compiled and formulated in a few introductory pages some hints and suggestions that I have found most useful, practically, in teaching the art of reading Latin. These are followed by a few models for written lessons, which will be of some use in fixing the foregoing suggestions. In these I have followed, in the main, the method which Prof. W. G. Hale describes in his well-known pamphlet, "The Art of Reading Latin." While Professor Hale's method is admirable in many respects, it is possible for less skillful teachers to overdo the science to the detriment of the art, *i.e.*, to perplex the mind with unnecessary questions as to possible or probable constructions that only delay the successful progress of the interpretation. I do not, therefore, think it well to continue such close analysis by written work, after the fundamental principles of Latin order and syntax have been well mastered.

The text of the selections from *Viri Romae* is that of Holzer's tenth edition (Stuttgart, 1889); Hertz (Leipsic, 1886) has been followed in those from Gellius. For the material from *Fabulae Faciles*, I am indebted to Mr. F. Ritchie, of Seven Oaks, England, who kindly placed his excellent little book at my disposal. Barring a few simplifications, and some modifications in orthography and punctuation, the texts have been followed without variation. As authority for quantities the last edition (1895) of Lewis' Elementary Latin Dictionary has been followed, as the most widely adopted, if not in all cases the best standard.

The notes consist in the main of synonyms, antonyms, and Latin paraphrases and definitions. In these the words used are such as are common in Caesar, Cicero, and Vergil, the aim being to increase the student's vocabulary and thereby his ability to read those authors. English translations are given only where no happy and easy Latin equivalent suggested itself.

It is suggested that teachers make frequent use of the selections for oral reading. Our methods of teaching are apt to neglect the ear, a most powerful instrument in the interpretation of thought, and to train the eye only. Often good students will fail to understand the simplest Latin when it is read to them. These selections will be found of about the right difficulty for this important discipline.

Full and grateful acknowledgment is made to all who have added to the value of these pages by their publications in this field. Many helpful suggestions have been drawn from these sources. Special thanks are due to Dr. John Tetlow, head-master of the Boston Girls' High and Latin Schools, for many valuable criticisms; and to Principal A. R. Crittenden, of the Ypsilanti High School, and to Miss Helen B. Muir, assistant in ancient languages in this institution, for assistance in reading the proof.

B. L. D'OOGE,
Michigan State Normal School.

November 20, 1896.

CONTENTS.

———•◦•———

EASY LATIN FOR SIGHT READING.

INTRODUCTION.

I. What is Sight Reading?

By sight reading is meant the ability to read and understand Latin in the order in which it stands, without formal translation and without slavish dependence upon grammar and dictionary. If a translation be required, it should come as a subsequent exercise in English after the thought of the Latin is already clear. Sight reading does not mean inexact and rapid skimming over of a Latin text. In acquiring the power to read at sight, we proceed at first *slowly*, afterwards with greater speed, to an exact and accurate comprehension of the language.

II. What are the Difficulties?

The difficulties are not so great as is usually supposed. Constant practice and persistent effort along right methods together with a thorough knowledge of the essentials of Latin grammar are all that is required. The three chief obstacles that hinder the student's progress through a Latin sentence are his deficient vocabulary, his unfamiliarity with the constructions, and the unusual order of the words and clauses.

III. Consideration of the Difficulties:

A. VOCABULARY.

The vocabulary actually necessary for reading ordinary Latin is not discouragingly large. A certain amount is, however, indispensable. To build up a good vocabulary words should be memorized systematically. The following hints may be found helpful :

a. Learn as soon as possible the meanings of the prepositions, conjunctions, pronominal adverbs, and numerals. These recur very frequently and can neither be guessed nor omitted.

b. Learn the force of the principal prefixes and suffixes, and the most important rules for word formation (H. pp. 152–178; A. pp. 140–162). Master all that is essential, omitting exceptions and minor points.

c. Memorize new words as you meet them, beginning with the first or root meaning of words in their simplest forms, *e.g.*, learn **dūcō** before you try to remember **condūcō.** Knowing the root meaning and the force of prefix or suffix, you will be easily led, without using a dictionary, to the meanings of derivatives and compounds.

d. In inferring the meaning of a prepositional compound, try the root meaning before you try to add the force of the preposition. Many prepositional compounds fail to show the force of the preposition in translation, *e.g.*, **adiuvō** differs but little from **iuvō,** and **indigeō** from **egeō.** Often the particular force of a compound is made clear by the context.

e. English derivatives, if used in the proper way, may afford valuable aid in inferring meanings. A derivative is, however, always open to suspicion, and should not be trusted in most cases beyond a mere suggestion. In the case of a new verb, the perfect participle will often suggest some English derivative that will give the help desired, *e.g.*, **subtractus** through English *subtract* may suggest the proper translation for **subtrahō.**

f. Have a try at every word before you consult the dictionary; but when you are compelled to do this, look up the word in question so thoroughly that you will not need to do so again. Students waste an incalculable amount of time in looking up the same word a score of times.

B. SYNTAX.

Happily the days are past when students were made to swallow Latin grammar *in toto* before being allowed to use any of it in practice. The victims of formal culture so called have been many. The new teaching of Latin differs radically from the old in that it seeks to apply grammatical knowledge as fast as it is acquired and that it excludes all non-essentials. In the study of syntax practical utility is the aim of instruction. It should be learned as it is needed. Much that the grammar contains is never needed by students in secondary schools. Many greatly overestimate the amount of syntax that is indispensable to correct and facile interpretation, and in trying to learn too much fail to learn the little well. *The essential little must be as well known as the English alphabet.*

By practice, great facility can be acquired in recognizing and even anticipating constructions. Many of them are preceded or accompanied by invariable signs that are soon learned, if attention be called to them. Alertness of mind and a little common sense, assisted by the context, often lead one to the correct interpretation without any special thought of the construction. To know the name of a construction is no help in itself to the correct interpretation. The more we read and the more easily we do so, the less we consider constructions as such, though, of course, we of necessity give the proper force to each case and mood in interpreting the thought. Construing is, therefore, not an end in itself, but should be merely the means to the end, namely, the interpretation of the Latin. When overdone and perfunctory, as it often is, it retards rather than assists a pupil's progress in reading Latin. Some special hints on construction are given later on under a separate heading.

C. ORDER OF WORDS.

The difficulty that appears most formidable to beginners is the strangeness of the Latin order. Perfect familiarity with the Roman ways of constructing sentences is, however, an absolute essential to easy reading. The strangeness of the order is often more apparent than real. Examples of the periodic structure and of inverted order are not uncommon in English and are readily understood, *e. g.*, "Whom ye ignorantly worship, him declare I unto you."

> " Up from the meadows rich with corn,
> Clear in the cool September morn,
> The clustered towers of Frederick stand."

One reason, and perhaps the principal one, why we find sentences such as these so difficult in Latin is that we try to get the Latin thought in fragments by reading and translating bits of the sentence at a time, instead of reading it all straight through and thus getting the complete thought in one effort of the mind as we do in English.

A peculiarity of Latin style that is often conspicuous, and one that is of great assistance in interpretation, is that the thoughts generally move by antitheses. These contrasts are carefully marked by the order of the words and by particles. By noticing these, you can anticipate the course of the thought.

The following brief summary of important points on order and style may be found helpful:

a. To read a language the words must be taken exactly as they come.

b. Read a sentence straight through before you try to translate any of it. As you read, carry along in thought the meanings of the words, whether vague or definite to your mind, and their probable office, so far as the progress of the sentence enables you to do so. Keep the mind expectant until the close of the sentence settles all doubtful points. Try to grasp the meaning of the sentence as a whole. If you do not succeed the first time, read it again and again until you think you get the thought.

c. Latin aims to keep the same subject throughout a complex sentence. When the subject is changed, that fact is usually made plain by inserting it or a pronoun referring to it.

d. The first word in a sentence is always conspicuous in interest and importance. Very often it is a noun, pronoun, or phrase referring to the preceding sentence or to some part of it :

Id **cum frūstrā saepe fēcisset,** etc. Here *id* refers to what has been described in the foregoing sentence.

e. The most important word or combination of words is often taken out from a subordinate introductory sentence and placed at the very beginning before the connective introducing that sentence. This order is especially common with **cum** clauses of time and cause. The word or phrase thus made emphatic is often such as has been described in *d* above :

> *Latīnus* **dum ad Tiberim dēscendit, sacerdōs bovem immolāvit.**
>
> *In quem* **postquam omnium ōra conversa sunt, ad ūnum omnēs Scīpiōnem in Hispāniā prōcōnsulem esse iussērunt.**
>
> *Quae rēs* **cum iuvenī Pompēiō cēnantī nūntiāta esset,** etc.

f. When a word serves as the common subject or object of both a principal and subordinate clause, it stands before them both. The same is true, if the same word is subject of the principal clause and object (direct or indirect) of the subordinate clause. Likewise if the subject of the subordinate clause is the object (direct or indirect) of the principal clause. (Cf. **Menge's** Repetitorium, 543.)

> *Ancus,* **priusquam eīs bellum indīceret, lēgātum mīsit,** *Ancus, before he declared war against them, sent an ambassador.*

Masinissam qui ēgregiē rem Rōmānam adiūverat aureā coronā dōnāvit, *Masinissa, who had conspicuously assisted the Roman expedition, he gave a golden crown.*

g. Latin makes use of many words, commonly pronouns and pronominal adverbs, to point forward to a following explanatory sentence. We are thus led to anticipate and prepare ourselves for what is to come. Watch for these signs and make the most of them. They are very helpful.

Forte *ita* incidit ut eō *ipsō* tempore Hasdrubal ad eundem portum appelleret, *perchance it so happened that at that very time Hasdrubal landed at the same harbor.*

Tam longē aberam ut eum nōn vidērem, *I was so far away that I did not see him.*

Here *ita* and *tam* point forward to the following ut clauses.

h. A modifying clause or phrase is usually put before the thing modified, hence a clause of characteristic sometimes precedes the thing characterized:

Unde agger comportārī posset, nihil erat reliquum, *there was nothing left from which a mound could be constructed.*

i. Words strongly contrasted are often put next to each other. When the subject and object are thus placed, it is sometimes difficult to distinguish them until we come to the verb. With a verb taking two accusatives, the subject often stands between them:

Mē Albānī ducem creāvērunt, *the Albans elected me general.*

j. **Quidem** always marks an antithesis, expressed or understood. Do not always translate it by *indeed*, which often means nothing at all. It is often untranslatable, though its influence is always felt :

> Bellum *quidem* nūllum gessit, sed nōn minus cīvitātī prōfuit quam Rōmulus, *he waged no war, to be sure, but he was of no less service to the state than Romulus.*

k. The antecedent of a relative pronoun often follows it, and often it is not expressed at all :

> Cum in īnsidiās vēnissent quī *locus* Furculae Caudīnae vocābātur, etc., *when they had come to the ambush, a place which was called the Caudine Forks.*
>
> Pompēius enim, quod anteā contigerat nēminī, *prīmum ex Āfricā, iterum ex Eurōpā, tertiō ex Asiā triumphāvit, for Pompey triumphed first over Africa, second over Europe, and third over Asia, (a thing) which had happened to no one before.*
>
> Mīsit (sc. *eōs*) quī sibi cōnsulātum dēposcerent, *he sent (men) to demand the consulship for himself.*

l. Adjectives that precede nouns are emphatic, unless they are numeral adjectives or adjectives expressing quantity.

m. An adverb modifies a verb, adjective, or other adverb, and regularly precedes the word it modifies.

n. **Cum** often stands between an adjective and noun.

IV. Notes on Individual Words and Constructions.

1. Latin expresses loosely by means of participles all sorts of relations that are expressed in English by subordinate clauses. The particular relation must be determined by the context.

2. Expect to find many more cases of apposition than in English. An appositive often takes the place of :

a. A temporal clause.

> **Cicerō puer Arpīnī vīxit,** *Cicero, when he was a boy, lived at Arpinum.*

b. A concessive clause.

> **Labiēnō lēgātō mīlitēs nōn pārent,** *the soldiers do not obey Labienus, although he is lieutenant.*

c. A relative clause.

> **Externus timor, māximum concordiae vinculum,** etc., *fear without, which is the strongest bond of union.*

3. Clauses capable of being used as the subject or the object of a verb are :

> I. Infinitive Clauses, or Indicative Clauses with **quod** in statements of fact.
> II. Indirect Questions.
> III. Purpose Clauses.
> IV. Result Clauses.

4. **Cum** is either a preposition or a conjunction. The following word will usually determine its character. If that be a noun in the ablative case, **cum** is a preposition.

Sometimes, however, a modifying genitive stands between **cum** and its object. If **cum** be a conjunction, it may be a mere connective, correlative with a following **tum,** or it may introduce a subordinate clause and mean *since*, *although*, or *when*. If it introduces a subordinate clause and means *since* or *although*, it is followed by the subjunctive. If it means *when*, the following mood will be indicative, in case the tense be present or future; if the tense be past, the mood will probably be subjunctive.

5. **Dum, dōnec,** and **quoad,** in the sense of *while* or *as long as*, take the indicative mood. In the sense of *until*, when expressing *purpose*, *doubt*, or *futurity*, they take the subjunctive.

6. **Antequam** and **priusquam,** when referring to an anticipated or intended act which may or may not occur, take the subjunctive. When they refer to the actual occurrence of an event as a point beyond or back of which the main event took place, they take the indicative :

> **Priusquam dīmicārent, mīlitēs hortātus est,** *he harangued the soldiers before they fought.*
>
> **Haec nōn intellēxit antequam Genāvam pervēnit,** *he did not perceive this before he arrived at Geneva.*

7. **Quīn** has the following principal uses :

Quīn.	I. Principal clauses, with the indicative.	*a.* Interrogative, *why not?* *b.* Corroborative, *indeed,* *nay, verily,* etc.
	II. Subordinate clauses, with the subjunctive.	Used after negative sentences to express result.

8. **Ut** has the following principal uses :

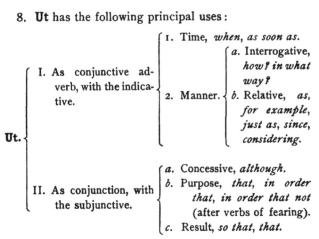

As a relative adverb **ut** is often followed by a noun in apposition, or by an adjective.

9. **Et** has three uses: (1) as connecting two words or expressions, *and;* (2) as the first of two **et's**, *both . . . and;* (3) as bearing upon a single word, *also, too, even.*

10. **Adeō** in its commonest use means *to such a degree,* and is followed by an **ut** clause of result.

11. **Dubitō,** in the sense of *doubt,* and **dubium** preceded by a negative, are usually followed by **quīn** and the subjunctive.   In the sense of *hesitate* **dubitō** is regularly followed by the infinitive.

12. A pluperfect subjunctive is equal to a future perfect indicative from a past point of view.

13. Keep in mind:

a. That the gerund is a verbal noun, and may therefore stand either alone or with an object.

b. That the gerundive is a participle used adjectively, agreeing with a substantive in gender, number, and case.

c. That the gerundive with its substantive may be used for any gerund with a substantive.

d. That the gerund with a direct object is commonly used only in the genitive and in the ablative without a preposition. In other cases the gerundive is preferred.

14. Distinguish between **plūs, amplius, potius,** and **magis.**

> **plūs** refers to quantity.
> **amplius** refers to extent of time or space.
> **potius** expresses preference, and excludes the second of two things compared.
> **magis** expresses degree.

15. Predicate adjectives may be followed by the dative, by the objective genitive, or by the ablative of specification to complete their meaning:

> **Hōc hostī optimum erat,** *this was best for the enemy.*
> **Avidus laudis erat,** *he was eager for praise.*
> **Claudus alterō pede est,** *he is lame in one foot.*

16. THE CASES.

1. *The Nominative.*

An introductory noun in the nominative case is the subject of a verb either main or subordinate.

2. *The Genitive.*

a. In general the genitive of a noun may be possessive, subjective, objective, partitive, or in apposition with some other genitive. If modified by an adjective, it may be descriptive genitive.

b. The genitive of a pronoun will be either possessive, subjective, objective, partitive, or belong to some noun as an adjective.

c. The genitive of an adjective expressing size or quantity may agree with a noun or may express the value of something.

d. The Latin genitive is used to express that to which the action of a noun or an adjective is done (objective), as well as that from which it springs (subjective).

e. Nouns expressing activity of the mind or heart are usually followed by :

(1) The objective genitive of a noun.

(2) The objective genitive of a gerund or of a gerundive agreeing with a noun.

3. *The Dative.*

a. The dative of any word may designate the person or thing indirectly concerned in an act or state expressed by a noun, adjective, verb, or a group of words.

b. The dative of the name of a person, or of a word referring to a person, may have the general sense of the dative case, or may designate the apparent agent or the possessor.

c. Words denoting persons deprived of a thing are often put in the dative, the Latin regarding the act as done *to* the persons.

d. If a form that may be either dative or ablative be the name of a person or refer to a person, it is more likely to be a dative than an ablative, since personal relations are denoted more frequently by the former than by the latter.

4. *The Accusative.*

a. The name of a town or **domus** or **rūs,** in the accusative without a preposition, probably designates the object to which motion is directed.

b. The name of a person, or a word referring to persons, in the accusative case without a preposition, must be either the object of a verb, the subject or predicate of an infinitive, or in apposition with one of these.

c. As accusatives of specification are found most commonly : the relative **quod ;** the interrogative **quid ; hōc** and **id** with **aetātis** or **temporis ; partem, vicem,** and **genus** with **omne** or a pronoun.

d. Accusatives of time and space are naturally limited to such nouns as can convey such ideas, *e.g.*, **pedēs, mēnsēs,** etc.

e. Cognate accusatives are possible only for nouns that repeat in substantive form the meaning of a verb, *e.g.*, **vīta, somnium,** etc.; and for neuter pronouns and adjectives.

5. *The Ablative.*

a. The ablative case includes three ideas from which all its constructions flow, *viz.:* the starting point (the true ablative, *from*), the means (the instrumental, *by*), and the place (the locative, *in*).

b. Nearly all ablatives can be absolute, or can depend on a comparative or on a special word like **dīgnus** or **ūtor.** The meaning of the word is a great help in suggesting the correct construction.

c. The ablative without a preposition, referring to a person, must be ablative absolute, ablative dependent on a comparative or some special word like **dignus** or **ūtor,** or ablative of source with some word like **genitus, ortus,** or **nātus.**

d. The ablative of a word referring to time naturally expresses the time when.

MODELS FOR WRITTEN LESSONS.

To the Teacher.

The following exercises are intended to fix more firmly in mind the preceding principles of order and syntax. They should be used at convenient intervals and without previous announcement or preparation. The passage for translation should be written on the board, and each question should be answered as it occurs before the pupil goes farther. Do not write more of the sentence than precedes the respective questions until they are answered. Teachers may find it profitable to prepare additional exercises on the models here presented.

I.

Virginēs Sabīnōrum rapiuntur.

Multi[1] convēnēre[2] studiō[3] videndae[4] novae urbis, māximē Sabīnī cum[5] līberīs et[6] coniugibus. Ubi spectāculī tempus vēnit eōque[7] conversae mentēs cum oculīs erant, tum sīgnō[8] datō[9] iuvenēs Rōmānī discurrunt[10], virginēs rapiunt[11].

1. What may be said of the first word in a sentence?
2. What tense? Give the other form.
3. What are the possible cases and constructions? What constructions may follow **studiō**? (See IV, 16, 2, *e.*)
4. Is this a gerund or a gerundive?
5. What are the possible uses and meanings of **cum**?
6. What are the uses of **et**?
7. **eōque** = et in eum locum.
8. Possible cases and constructions?
9. Construction? What relations may be expressed by participles?
10. What is the force of the prefix **dis-**?
11. Translate.

II.

Dē virtūte Rēgulī.

Prīmō bellō Pūnicō[1] Rēgulus, dux Rōmānus captus ā[2] Poenīs, dē captīvīs commūtandīs[3] Rōmam missus est. Is, cum Carthāgine[4] abīret, iūrāvit[5] sē eō[6] reditūrum nisi suī cīvēs condiciōnēs fēcissent[7]. At ille in senātū captīvōs[8] nōn esse commūtandōs dēclārāvit : deinde, cum propinquī[9] et amīcī retinēre cōnārentur, ex urbe dēcessit, quia ad supplicium redīre māluit quam fidem hostī datam fallere[10].[11]

1. What is the probable construction of this phrase?
2. What constructions follow **ā** or **ab**?
3. **commūtō**, cf. English *commute = exchange.*
4. Probable construction?
5. What kind of a clause may now be expected?
6. **eō** = in eum locum.
7. What is the force of this tense? (See IV, 12.)

8. What are the possible constructions? (See IV, 16, 4, *b.*)

9. propinqui = cōgnāti, sanguine coniūncti.

10. fallere = violāre.

11. Translate.

III.

Crūdēlitāte virgō spōnsum suum āmittit.

Galli, qui audāciam māximi[1] aestimābant[2], ferārum certāminibus[3] multum dēlectābantur. Aliquandō rēx cum māgnā catervā[4] nōbilium mulierumque clārārum lūdōs[5] sollemnēs aspiciēbat. Quaedam ex hīs, quae spōnsī[6] fortitūdinem temptāre voluit, aureum torquem[7] dēiēcit in[8] mediam harēnam, quā leō ingēns cum duōbus tigribus certāmen ācerrimum agēbat. "Tū quidem[9]," inquit, "sī quid in tē residet amōris ergā mē, torquem mihi[10] ē ferīs ēripe." Statim iuvenis hīs verbīs accēnsus in harēnam sē praecipitāvit ; saltū[11] alacrī torquem rapuit ; tūtus cum praemiō rediit. Tum ille, dum[12] omnēs factum plaudunt, cum rīsū ad pedēs virginis crūdēlis torquem prōiēcit. "Tū quidem," inquit, "meam vītam minimi[13] habuistī ; ego tuum amōrem[14]."[15]

1. What are the possible cases and constructions?

2. What does this word show as to the construction of **māximi**? (See IV, 16, 2, *c.*)

3. Possible constructions?

4. catervā = multitūdine.

5. Probable construction?

6. Translate *of her lover.*

7. Translate *necklace.*

8. What case will follow?

9. What is the force of this word?   (See III, C, *j.*)
10. What kind of a dative may this be?   (See IV, 16, 3, *b.*)
11. **saltū,** *with a leap.*
12. What are the meanings of this word, and what constructions may follow it?
13. Compare **māximī** above.
14. Sc. **minimī habeō. habeō** in this idiom equals **aestimō** in sense.
15. Translate the whole.

IV.

Hannibalis ducis astūtia.

Hannibal, dux[1] classis Pūnicae, ē nāvī quae iam capiēbātur, in scapham[2] saltū sē dēmittēns[3] Rōmānōrum manūs effūgit.   Veritus[4] autem nē in patriā classis[5] āmissae poenās daret, cīvium odium astūtiā āvertit ; nam ex illā īnfēlīcī pūgnā, priusquam[6] clādis nūntius domum[7] ——[8], quendam ex amīcīs Carthāginem mīsit.   Quī postquam[9] cūriam intrāvit, "Cōnsulit," inquit, "vōs[10] Hannibal, cum dux Rōmānōrum māgnis cōpiīs maritimīs īnstrūctīs advēnerit, num[11] cum eō cōnflīgere dēbeat."   Acclāmāvit ūniversus senātus nōn esse dubium[12] quīn[13] cōnflīgī oportēret[14].   Tum ille "Cōnflīxit," inquit, "et superātus est."   Ita nōn potuērunt factum[15] damnāre quod ipsī fierī dēbuisse iūdicāverant.[16]

1. What force may the appositive have?   (See IV, 2.)
2. Will the verb in this sentence be one denoting rest or motion?
3. What is the force of the prefix **dē-** ?
4. What construction will follow?

5. What variety of genitive may this word be?
6. What moods follow this word?
7. What construction?
8. Supply a suitable verb in the proper mood and tense.
9. Account for the position of **quī.** (See III, C, *d*, and *f.*)
10. **cōnsulit vōs** = *asks your advice.*
11. **num** = *whether.* What construction will follow? Name the different kinds of substantive clauses. (See IV, 3.)
12. What construction will follow? (See IV, 11.)
13. Name the meanings and uses of **quīn.** (See IV, 7.)
14. **cōnflīgī oportēret** = **pūgnandum esset.**
15. What part of speech?
16. Translate.

V.

Mors Servī Tullī, Rōmānōrum rēgis sextī.

Quā rē audītā[1] Servius[2] dum[3] ad[4] cūriam contendit, iūssū[5] Tarquinī per gradūs dēiectus[6] et domum[7] refugiēns interfectus est. Tullia[8] carpentō[9] vēcta in[10] Forum properāvit et coniugem[11] ē[12] cūriā ēvocātum[13] prīma rēgem ——[14]; cūius iūssū cum[15] ē turbā āc tumultū dēcessisset[16] domumque redīret, vīsō patris corpore[17] mūliōnem[18] cunctantem et frēna inhibentem super ipsum corpus[19] carpentum agere ——[20]. Unde[21] vīcus[22] ille scelerātus dictus est. Servius Tullius rēgnāvit annōs[23] quattuor et quadrāgintā[24].

1. Why is this phrase placed first? (See III, C, *d*.)
2. What is the construction of **Servius**?
3. Meanings and following constructions?
4. What are the meanings of **ad**, and what kind of a verb will the sentence contain?

5. Construction?

6. **per gradūs dēiectus** = *was thrown down the steps.*

· 7. Case and probable construction? (See IV, 16, 4, *a.*)

8. **Tullia fīlia rēgis erat.**

9. Translate *carriage*, abl. of means.

10. What cases follow **in**, and what are its most usual meanings?

11. Case and probable construction?

12. What case will follow?

13. What is the force of the prefix **ē-**?

14. What verb can you suggest to govern **rēgem** and **coniugem** and complete the sentence?

15. To whom does **cūius iūssū** refer, and why does it precede **cum**? (See III, C, *e.*)

16. Construction?

17. Construction?

18. Translate *the driver.*

19. Translate *right over the very body.*

20. Supply a suitable verb.

21. **unde** = **quā ex causā.**

22. **vīcus** = **pars urbis.**

23. Probable construction?

24. Translate.

COMMON LATIN IDIOMS.

The following idioms occur so frequently that it will be of much subsequent advantage and a great saving of time for the student to memorize them thoroughly early in his course.

ad ūnum, *to a man.*
aequō animō, *contentedly, resignedly, patiently.*
aere aliēnō premī, *to be heavily in debt.*

agere grātiās, *to thank.*

alius aliam in partem, *one in one direction, another in another.*

amīcō aliquō ūtī, *to be on terms of intimacy with some one.*

animō tenus commovērī, *to be moved to the heart.*

annum quartum agēns, *in his fourth year.*

annōs quattuor nātus, *at the age of four.*

ante annōs, *before the legal age.*

apud rēgem, *at the court of the king.*

bellum inferre, *to make war upon.*

bene habet, *it is well.*

bonō animō esse, *to be well disposed.*

bonum animum habēre, *to be of good courage.*

capitis damnātus, *convicted of a capital crime, sentenced to death.*

causam dīcere or **agere,** *to state a case, to plead a case.*

certior fierī, *to be informed.*

certiōrem facere, *to inform.*

cōnsilia inīre, *to make plans.*

cōnsulere alicui, *to look out for the interest of some one.*

cōnsulere aliquem, *to consult some one, to ask advice of some one.*

dare operam, *to see to, give attention to, take pains.*

diem dīcere or **ēdīcere,** *to appoint a time, name a day.*

dum haec geruntur, *while this was going on.*

eō magis, *all the more.*

extrēmā hieme, *at the end of winter.*

ex rē pūblicā, *to the best interests of the state.*

gerere magistrātum, *to hold an office.*

grātiās agere, *to thank.*

grātiam habēre, *to be grateful.*

grātiam or **grātiās referre,** *to return a favor.*

grātum facere, *to do a favor.*

īdem quī, *the same as.*
īdem sentīre, *to have the same opinion.*
in diēs, *every day, daily.*
in dubium vocārī, *to be called in question.*
in fugam dare, *to put to flight.*
in grātiam redīre, *to be reconciled.*
in mātrimōnium dūcere, *to marry.*
in perpetuum, *forever.*
inter cēnam, *at table.*
iūs dīcere, *to pronounce judgment.*

longum est, *it would take long, it would be tedious.*

mandāre litterīs, *to commit to writing.*
memoriā tenēre, *to remember.*
molestē ferre, *to take it ill, to be grieved.*
multum valēre, *to be very influential.*

nāvem cōnscendere, *to embark.*
novae rēs, *a revolution.*
novus homō, *an upstart, a parvenu, a self-made man.*

ōrātiōnem habēre, *to make a speech.*
operam dare, *to see to, to take pains.*
opus est, *it is necessary.*

placuit senātuī, *the senate decided.*
plūrimum posse, *to be most powerful, to be most influential.*
prae sē ferēns, *showing, exhibiting.*
praeclārē sē habēre, *to be admirable.*
prō amīcō habēre, *to regard as a friend.*
prō cōntiōne, *before the assembly,* or *in an address.*

quae cum ita sint, *since this is true, under these circum-stances, this being the case.*
quam prīmum, *as soon as possible.*

ratiōnem reddere, *to render an account, to give an explanation.*

rēs gestae, *exploits, deeds.*

salūtem dīcere, *to salute, to greet.*

satis cōnstat, *it is well established.*

sē cōnferre, *betake oneself, go.*

sē gerere, *conduct oneself, act.*

sententia stat, *it is resolved, they resolve.*

stīpendium merēre, *to perform military service.*

terga vertere, *to retreat.*

ūnus atque alter, *one or two.*

veniam dare, *to pardon.*

ventum est, *he* or *she came, he* or *she has come, they came, they have come.*

vereor nē, *I fear that.*

vereor ut, *I fear that not.*

vītam agere, *to live.*

ABBREVIATIONS.

acc., accusative.
act., active.
abl., ablative.
adj., adjective.
adv., adverb.
ant., antonym, a word of opposite
    meaning.
cf., *confer*, compare.
dat., dative.
e.g., *exempli gratia*, for instance.
Eng., English.
gen., genitive.
i.e., *id est*, that is.

ind. disc., indirect discourse.
lit., literally.
n., number or note.
nom., nominative.
obj., object.
or., simplified order.
par., paraphrase.
pred., predicate.
sc., *scilicet*, supply.
subj., subjunctive, or subject.
syn., synonym.
v., *vide*, see.
voc., vocative.

N. B. A superior figure placed after a word refers to that word alone.

A superior figure placed before a word refers to two or more of the following words.

FABULAE FACILES.

I.

PERSEUS.

Acrisius, an ancient king of Argos, had been warned by an oracle that he would perish by the hand of his grandson. On discovering, therefore, that his daughter Danae had given birth to a son, Acrisius endeavored to escape his fate by casting both mother and child adrift on the sea. They were saved, however, by the help of Jupiter; and Perseus, the child, grew up at the court of Polydectes, king of Seriphos, an island in the Aegean Sea. On reaching manhood, Perseus was sent by Polydectes to fetch the head of Medusa, one of the Gorgons. This dangerous task he accomplished with the help of Apollo and Minerva, and on his way home he rescued Andromeda (daughter of Cepheus) from a sea monster. Perseus then married Andromeda, aud lived some time in the country of Cepheus. At length, however, he returned to Seriphos, and turned Polydectes to stone by showing him the Gorgon's head; he then went to the court of Acrisius, who fled in terror at the news of his grandson's return. The oracle was duly fulfilled, for Acrisius was accidentally killed by a quoit thrown by Perseus.

1. Perseus infāns cum mātre in ārcā inclūsus est.

Haec nārrantur ā poētīs dē Perseō. Perseus filius erat Iovis, māximī deōrum : avus ēius Ācrisius appellātus est. Ācrisius volēbat Perseum nepōtem suum necāre[1] ; nam propter ōrāculum puerum timēbat. Comprehendit[2] igitur 5 Perseum, adhūc īnfantem, et cum mātre [3]in ārcā ligneā inclūsit. Tum ārcam ipsam in mare cōniēcit. Danaē,

---

1. *occīdere, interficere.*   2. *cēpit, corripuit.*

3. *in a wooden box.*

Perseī māter, māgnopere[1] territa est : tempestās enim
māgna mare turbābat. Perseus autem in sinū[2] mātris
dormiēbat[3].

    1. *valdē, vehementer.*   2. *gremiō.*   3. *somnum capiēbat.*

**2. Ārcā ad īnsulam Serīphum appulsā, Perseus māterque
ā rēge benīgnē exceptī sunt.**

Iūppiter tamen haec omnia vīdit et fīlium suum servāre
cōnstituit. Fēcit igitur mare tranquillum, et ārcam ad
īnsulam Serīphum perdūxit. Hūius īnsulae Polydectēs
tum rēx erat. Postquam ārca ad lītus[1] appulsa est,
10 Danaē [2]in harēnā quiētem capiēbat. Post breve tempus
ā piscātōre[3] quōdam reperta est[4], et ad domum rēgis
Polydectis adducta est. Ille mātrem et puerum benīgnē
excēpit, et sēdem[5] tūtam in fīnibus suīs dedit. At Danaē
hōc dōnum libenter accēpit, et prō tantō beneficiō rēgī
15 [6]grātiās ēgit.

    1. *lītus est terra adiacēns marī.*   4. *inventa est, dēprehēnsa est.*
    2. Par. *in lītore dormiēbat.*   5. *domum.*
    3. *fisherman.*   6. See idioms.

3. Rēx dīmīsit Perseum.

Perseus igitur[1] multōs annōs ibi habitābat, et cum mātre
suā [2]vītam agēbat beātam[3]. At Polydectēs Danaēn māgnopere amābat, atque eam [4]in mātrimōnium dūcere volē-
20 bat. Hōc tamen cōnsilium Perseō minimē grātum[5] erat.

    1. *itaque.*   3. *fēlīcem, laetam.*
    2. See idioms.   4. See idioms.
        5. *acceptum, iūcundum, placitum.*

Polydectēs igitur Perseum dīmittere cōnstituit. Tum
iuvenem ad sē vocāvit et haec[1] dīxit: " Turpe[2] est vītam
hanc īgnāvam[3] agere; [4]iamdūdum tū adulēscēns es.
Quousque[5] hīc manēbis? Tempus est arma capere et
virtūtem praestāre[6]. Hinc abī et caput Medūsae mihi 5
refer."

1. *as follows.*
2. Ant. *honestum, pulchrum,*
decōr: m.
3. *remissam, lentam.* Ant.
strēnuam, fortem.

4. *You have already for some*
time been a man.
5. *ad quod tempus.*
6. *ostendere, exhibēre, pro-*
bāre.

4. Perseus profectus tandem Medūsam invēnit.

Perseus, ubi haec audīvit, ex īnsulā discessit, et postquam ad continentem vēnit, Medūsam quaesīvit. Diū
frūstrā quaerēbat; namque nātūram locī īgnōrābat. Tan- 10
dem Apollō et Minerva viam dēmōnstrāvērunt. Prīmum
ad Grāiās, sorōrēs Medūsae, pervēnit. Ab hīs [1]tālāria et
galeam magicam accēpit. Apollō autem et Minerva [2]fal-
cem et speculum dedērunt. Tum postquam tālāria pedibus induit[3], in āëra[4] ascendit. Diū per āëra volābat: 15
tandem tamen ad eum locum vēnit ubi Medūsa cum
cēterīs[5] Gorgonibus habitābat. Gorgones autem mōn-
stra erant speciē[6] horribilī: capita enim eārum squāmīs[7]
omnīnō contēcta[8] sunt: manūs etiam ex aere[9] factae sunt.

1. *sandals and a magic helmet.*
2. *a curved dagger and a mir-*
ror.
3. *indūxit, sūmpsit.*
4. acc. case of *āēr*, cf. Eng. *air.*

5. *reliquīs, aliīs.*
6. *aspectū.*
7. *scales.*
8. *tēcta, operta, vestīta.*
9. abl. of *aes = brass.*

5. Caput Gorgonis.

Rēs erat difficillima abscīdere caput Gorgonis; ēius
enim cōnspectū hominēs in saxum[1] vertēbantur. Propter
hanc causam Minerva speculum eī dederat. Perseus igitur tergum[2] vertit, et in speculum īnspiciēbat: hōc modō
ad locum vēnit ubi Medūsa dormiēbat. Tum falce suā
caput ēius ūnō īctū abscīdit. Cēterae Gorgones statim ē
somnō excitātae sunt, et, ubi rem vīdērunt, īrā commōtae
sunt. Arma rapuērunt, et Perseum occidere[3] volēbant;
ille autem, dum fugit, galeam magicam induit, et, ubi hōc
fēcit, statim ē cōnspectū eārum ēvāsit[4].

1. *lapidem.*	3. *interficere.*
2. Ant. *faciem, voltum.*	4. *exiit, aufūgit, ēvolāvit.*

6. Perseus in fīnēs Aethiopum vēnit.

Post haec Perseus in fīnēs Aethiopum vēnit: ibi
Cēpheus quīdam illō tempore rēgnābat. Hīc Neptūnum,
maris deum, ōlim[1] offenderat: Neptūnus autem mōnstrum
saevissimum[2] mīserat. Hōc cottīdiē ē marī veniēbat et
hominēs dēvorābat. Ob hanc causam pavor[3] animōs
omnium occupāverat. Cēpheus igitur ōrāculum deī
Ammōnis cōnsuluit atque ā deō iūssus est fīliam mōnstrō trādere. (Eius autem fīlia, nōmine Andromeda,
virgō fōrmōsissima[4] erat.) Cēpheus, ubi haec audīvit,
māgnum dolōrem[5] percēpit. Volēbat tamen cīvēs suōs ē
tantō perīculō extrahere; atque ob eam causam cōnstituit
imperāta[6] Ammōnis facere.

1. *aliquandō, quondam.*	4. *pulcherrima.*
2. *crūdēlissimum, immānissimum.*	5. *maerōrem, lūctum.*
3. *timor.*	6. *iūssa.*

7. Mōnstrum et Andromeda.

Tum rēx ¹diem certam dīxit et omnia parāvit.   Ubi ea
diēs vēnit, Andromeda ad lītus dēducta est et in cōnspectū omnium ad rūpem adligāta² (est).   Omnēs fātum
ēius dēplōrābant nec lacrimās tenēbant.   At subitō, dum   5
mōnstrum exspectant, Perseus accurrit ; et, ubi lacrimās
vīdit, causam dolōris quaerit.   Illī rem tōtam expōnunt³
et puellam dēmōnstrant.   ⁴Dum haec geruntur, fremitus⁵
terribilis audītur ; simul mōnstrum hórribilī speciē procul cōnspicitur⁶.   Eius cōnspectus timōrem māximum   10
omnibus iniēcit⁷.   At mōnstrum māgnā celeritāte ad lītus
contendit⁸, iamque ad locum appropinquābat⁹ ubi puella
stābat.

1. See idioms.   6. *vidētur.*
2. *vincta, cōnstricta.*   7. *immīsit.*
3. *nārrant.*   8. *mātūrāvit, properāvit.*
4. See idioms.   9. *accēdēbat.*
5. *strepitus, sonitus.*

8. Servat Andromedam Perseus.

At Perseus, ubi haec vīdit, gladium¹ suum rapuit² ; et,   15
postquam tālāria induit, in āëra sublātus est³.   Tum dēsu-
per⁴ in mōnstrum impetum subitō⁵ fēcit, et gladiō suō
collum ēius graviter volnerāvit.   Mōnstrum, ubi sēnsit
volnus, fremitum horribilem ēdidit⁶ et sine morā tōtum
corpus sub aquam immersit.   Perseus, dum circum lītus   20
volat, reditum ēius exspectābat ; mare autem intereā⁷

1. *ferrum, ēnsem.*   4. *ē locō superiōre.*
2. *cēpit.*   5. *repente, celeriter.*
3. From *tollō ; sē ērēxit, sur-*   6. *ēmīsit.*
rēxit.   7. *interim.*

undique[1] sanguine inficitur[2]. Post breve tempus, bēlua" rūrsus[4] caput sustulit[5]; mox[6] tamen ā Perseō īctū graviōre volnerāta est. Tum iterum sē sub [7]undās mersit neque posteā vīsa est.

1. *ex omnī parte.*
2. *tingitur, imbuitur.*
3. *mōnstrum.*
4. *iterum.*

5. From *tollō,* syn. *ērēxit.*
6. *post breve tempus, sine morā.*
7. *aquās.*

5   **9. Rēx Perseō Andromedam in mātrimōnium dedit.**

Perseus, postquam in lītus dēscendit, prīmum tālāria exuit[1]; tum ad rūpem vēnit ubi Andromeda vincta[2] erat. Ea autem omnem spem salūtis dēposuerat[3], et, ubi Perseus adiit, terrōre paene exanimāta[4] est. Ille vincula 10 statim[5] solvit, et puellam patrī reddidit. Cēpheus ob hanc rem māximō gaudiō affectus est : meritās [6]grātiās prō tantō beneficiō Perseō rettulit; praetereā Andromedam ipsam eī in mātrimōnium dedit. Ille libenter[7] hōc dōnum accēpit, et puellam uxōrem dūxit. Paucōs annōs 15 cum uxōre suā in eā regiōne habitābat, et in māgnō honōre erat apud omnēs Aethiopes. Māgnopere tamen cupiēbat[8] mātrem suam rūrsus vidēre. Tandem[9] igitur cum uxōre ē rēgnō Cēpheī discessit[10].

1. Ant. *induit.*
2. *adligāta, cōnstricta.*
3. *abiēcerat, dīmīserat.*
4. *mortua.*
5. *cōnfēstim, sine morā.*

6. See idioms.
7. *alacriter.*
8. *volēbat.*
9. *dēnique, ad extrēmum.*
10. *abiit, profectus est.*

10. Polydectēs in saxum versus est.

Postquam Perseus ad īnsulam nāvem appulit, [1]sē ad
locum contulit ubi māter ōlim[2] habitāverat; at domum
invēnit vacuam et omnīnō[3] dēsertam. Trēs diēs per
tōtam īnsulam mātrem quaerēbat; tandem[4] quartō diē   5
ad templum Diānae pervēnit. Hūc Danaē refūgerat,
quod Polydectem timēbat[5]. Perseus, ubi haec cōgnōvit[6],
īrā māgnā commōtus est; ad rēgiam Polydectis sine
morā contendit, et, ubi eō[7] vēnit, statim in ātrium inrūpit[8].
Polydectēs māgnō timōre[9] affectus est et fugere volēbat.   10
Dum tamen īlle fugit, Perseus caput Medūsae mōnstrā-
vit[10]; ille autem, [11]simul atque hōc vīdit, in saxum versus
est.

1. See idioms.	6. *intellēxit, audīvit.*
2. cf. p. 28, l. 15.	7. *in eum locum.*
3. *plānē, funditus.*	8. *invāsit, inruit.*
4. *dēmum, dēnique.*	9. *pavōre.*
5. *metuēbat.*	10. *ostendit.*

11. *ubi prīmum.*

**11. Perseus ad urbem Ācrisī rediit, et occīdit avum suum
ut fātīs dēcrētum erat.**   15

Post haec Perseus cum uxōre[1] suā ad urbem Ācrisī
rediit[2]. Ille autem, ubi Perseum vīdit, māgnō terrōre
affectus est; nàm propter ōrāculum istud nepōtem suum
adhūc timēbat. In Thessaliam igitur ad urbem Lārissam
statim refūgit: frūstrā tamen; nōn enim fātum suum   20
vītāvit[3]. Post paucōs annōs rēx Lārissae lūdōs māgnōs
fēcit; nūntiōs in omnēs partēs dīmīserat, et [4]diem ēdīxe-

1. *coniuge.*   2. *revertit.*   3. *effūgit.*   4. See idioms.

rat. Multī ex omnibus urbibus Graeciae ad lūdōs convēnērunt : ipse Perseus inter aliōs certāmen[1] discōrum[2] iniit.
At, dum discum conicit, avum suum cāsū occīdit ; Ācrisius enim inter spectātōrēs ēius certāminis forte stābat.

1. *contentiōnem.*   2. *of the discus* or *quoits.*

II.
HERCULES.

Hercules, a Greek hero celebrated for his great strength, was pursued
throughout his life by the hatred of Juno. While yet an infant, he strangled
some serpents sent by the goddess to destroy him. During his boyhood and
youth he performed various marvelous feats of strength ; and, on reaching
manhood, succeeded in delivering the Thebans from the oppression of the
Minyae. In a fit of madness, sent upon him by Juno, he slew his own
children, and, on consulting the Delphic oracle as to how he should cleanse
himself from this crime, he was ordered to submit himself for twelve years
to Eurystheus, king of Tiryns, and to perform whatever tasks were appointed
him. Hercules obeyed the oracle, and during the twelve years of his ser-
vitude accomplished twelve extraordinary feats known as the Labors of
Hercules. His death was caused, unintentionally, by his wife Deianira.
Hercules had shot with his poisoned arrows a Centaur named Nessus, who
had insulted Deianira. Nessus, before he died, gave some of his blood to
Deianira, and told her it would act as a charm to secure her husband's love.
Some time after, Deianira, wishing to try the charm, soaked one of her hus-
band's garments in the blood, not knowing that it was poisoned. Hercules
put on the robe, and, after suffering terrible torments, died, or was carried
off by his father Jupiter.

5   **12. Herculēs īnfāns.**

Herculēs, Alcmēnae fīlius, ōlim in Graeciā habitābat.
Hīc dīcitur omnium hominum validissimus fuisse. At
Iūnō, rēgīna deōrum, Alcmēnam ōderat[1] et Herculem

1. Ant. *amābat.*

adhūc īnfantem necāre[1] voluit. Mīsit igitur duo serpentēs saevissimōs : hī, mediā nocte, in cubiculum[2] Alcmēnae vēnērunt ubi Herculēs cum frātre suō dormiēbat.
Nōn tamen in cūnīs[3], sed in scūtō[4] māgnō cubābant[5].
Serpentēs iam appropinquāverant[6] et scūtum movēbant ; 5
itaque puerī ē somnō excitātī sunt.

1. cf. p. 25, l. 4.	3. *cradle.*	5. *iacēbant.*
2. *room.*	4. *shield.*	6. *accesserant.*

13. Herculēs et serpentēs.

Īphiclēs, frāter Herculis, māgnā vōce exclāmāvit ; at
Herculēs ipse, puer fortissimus[1], haudquāquam[2] territus
est. Parvīs manibus serpentēs statim prēhendit[3], et colla 10
eōrum māgnā vī compressit. Tālī modō serpentēs ā
puerō interfectī[4] sunt. Alcmēna autem, māter puerōrum,
clāmōrem audīverat, et marītum[5] suum ē somnō excitāve-
rat. Ille lūmen accendit, et gladium suum rapuit[6]; tum ad
puerōs properābat[7], sed, ubī ad locum vēnit, rem mīram 15
vīdit : Herculēs enim rīdēbat et serpentēs mortuōs mōn-
strābat[8].

1. Ant. *īgnāvissimus.*	5. *coniugem, virum.*
2. *minimē omnium, omnīnō nōn.*	6. *prehendit, cēpit.*
3. *cēpit, rapuit.*	7. *mātūrābat, contendēbat.*
4. *necātī.*	8. *ostendēbat, exhibuit.*

14. Herculēs mūsicam discit.

Herculēs ā puerō corpus suum dīligenter exercēbat:
māgnam partem diēī in palaestrā[1] cōnsūmēbat : didicit[2] 20

1. *gymnasium.*	2. Perfect of *discō.*

etiam arcum intendere et tēla conicere[1]. Hīs exercitā-
tiōnibus vīrēs[2] eius cōnfīrmātae sunt. In mūsicā etiam
ā Linō ·Centaurō ērudiēbātur[3]: (Centaurī autem equī
erant, sed caput hominis habēbant); huic tamen artī
5 minus diligenter studēbat. Hīc Linus Herculem ōlim
culpābat[4], quod parum[5] studiōsus erat; tum puer īrātus
citharam[6] subitō rapuit, et summīs vīribus caput magistrī
īnfēlīcis[7] percussit[8]. Ille ictū prōstrātus est, et [9]paulō
post [10]ē vītā excessit, neque quisquam posteā id officium
10 suscipere voluit.

1. *iacere, impellere.*	6. *lyram.*
2. *powers.*	7. *miserī.*
3. *docēbātur, īnfōrmābātur.*	8. *valdē verberāvit.*
4. *vituperābat.*	9. *soon after.*
5. Ant. *nimis.*	10. *mortuus est.*

15.   Herculēs vincula et mortem effugit.

Dē Hercule haec etiam inter alia nārrantur.   Ōlim,
dum iter facit, in fīnēs Aegyptiōrum vēnit; ibi rēx quīdam, nōmine Būsīris, illō tempore rēgnābat; hīc autem,
15 vir crūdēlissimus, hominēs [1]immolāre cōnsuēverat : Herculem igitur corripuit et in vincula coniēcit. Tum nūntiōs dīmīsit et [2]diem sacrificiō ēdīxit. Mox ea diēs appe-
tīvit[3] et omnia rīte[4] parāta sunt. Manūs Herculis catēnīs[5]
ferreīs vinctae[6] sunt et [7]mola salsa in caput eius īnspersa
20 est. (Mōs enim erat apud antīquōs salem et fār[8] capiti-

1. *sacrificāre solēbat.*	5. *vinculīs.*
2. See idioms.	6. *adligātae.*
3. *adfuit.*	7. *salted meal.*
4. *bene, rēctē, ex mōre.*	8. *molam.*

bus victimārum impōnere.) Iam victima ad aram[1] stābat ;
iam sacerdōs cultrum sūmpserat[2]. Subitō tamen Herculēs
māgnō cōnātū vincula perrūpit[3] : tum ictū sacerdōtem
prōstrāvit ; alterō[4] rēgem ipsum occīdit.

1. *altāria.*	3. cf. Eng. *rupture.*
2. *cēperat, prehenderat.*	4. abl. of means, sc. *īctū.*

16. Herculēs lēgātīs Minyārum iniūriam facit.   5

Herculēs, iam adulēscēns, urbem Thēbās incolēbat.
Rēx Thēbārum, vir īgnāvus[1], Creōn appellātus est.
Minyae, gēns bellicōsissima, Thēbānīs fīnitimī[2] erant.
Lēgātī autem ā Minyīs ad Thēbānōs quotannīs mittē-
bantur: hī Thēbās veniēbant et centum bovēs postulā- 10
bant[3]. Thēbānī enim ōlim ā Minyīs superātī erant ;
tribūta igitur rēgī Minyārum quotannīs pendēbant[4]. At
Herculēs cīvēs suōs hōc stīpendiō līberāre cōnstituit :
lēgātōs igitur comprehendit atque aurēs eōrum abscīdit[5].
Lēgātī autem apud omnēs gentēs sacrī habentur[6].   15

1. Ant. *fortis.*	4. *solvēbant, remittēbant.*
2. *proximī, vīcīnī.*	5. *amputāvit, resecuit.*
3. *poscēbant, flāgitābant.*	6. *iūdicantur, exīstimantur.*

17. Bellum in Minyās.

Ergīnus, rēx Minyārum, ob haec vehementer īrātus est,
et cum omnibus cōpiīs in fīnēs Thēbānōrum contendit[1].
Creōn adventum ēius per explōrātōrēs cōgnōvit ; ipse
tamen pūgnāre nōluit, nam māgnō timōre affectus est ; 20
Thēbānī igitur Herculem imperātōrem[2] creāvērunt. Ille
nūntiōs in omnēs partēs dīmīsit et cōpiās coēgit[3] ; tum

1. *mātūrāvit, properāvit.*   2. *ducem.*   3. *conlēgit.*

proximō diē cum māgnō exercitū profectus est. Lᵉcum
idōneum¹ dēlēgit et aciem īnstrūxit ; tum Thēbānī ē
superiōre locō impetum in hostēs fēcērunt.   Illī autem
impetum sustinēre nōn potuērunt; itaque aciēs hostium
5 pulsa² est atque in fugam conversa. ·

    1. *aptum, commodum.*   2. cf. Eng. *repulse.*

18.   Herculēs dēmēns līberōs suōs occīdit.

Post hōc proelium Herculēs cōpiās suās ad urbem
redūxit.   Omnēs Thēbānī propter vīctōriam māximē
gaudēbant¹.   Creōn autem māgnīs honōribus Herculem
10 decorāvit, atque fīliam suam eī in mātrimōnium dedit.
Herculēs cum uxōre suā ²vītam beātam agēbat ; sed post
paucōs annōs subitō³ in furōrem incidit atque līberōs suōs
ipse suā manū occīdit.   Post breve tempus ad sānitātem
reductus est et propter hōc facinus⁴ māgnō dolōre affectus
15 est ; mox ex urbe effūgit et in silvās sē recēpit.   Nōlēbant
enim cīvēs sermōnem cum eō habēre.

    1. *laetābantur.*   3. *repente.*
    2. See idioms.   4. *flāgitium, scelus.*

19.   Herculēs ad ōrāculum Delphicum it.

Herculēs māgnopere¹ cupiēbat tantum scelus expiāre.
Cōnstituit igitur ad ōrāculum Delphicum īre ; hōc enim
20 ōrāculum erat omnium celeberrimum.   Ibi templum erat
Apollinis, plūrimīs dōnīs ōrnātum ; hōc in templō sedēbat
fēmina quaedam, nōmine Pȳthia, et cōnsilium dabat eīs
quī ad ōrāculum veniēbant.   Haec autem fēmina ab ipsō

    1. *valdē, vehementer.*

Apolline docēbātur[1], et voluntātem deī hominibus ēnūnti-
ābat[2]. Herculēs igitur, quī Apollinem praecipuē colēbat[3],
hūc vēnit. Tum rem tōtam exposuit neque scelus cēlā-
vit[4].

| 1. *ērudiēbātur, instituēbātur.* | 3. *venerābātur.* |
| 2. *nūntiābat, dīcēbat.* | 4. *reticuit, tēxit.* |

20. Respōnsum ōrāculī

Ubi Herculēs fīnem fēcit, Pȳthia diū conticēbat[1]; tandem[2] tamen iussit eum ad urbem Tīryntha[3] īre, et Eurystheī rēgis omnia imperāta[4] facere. Herculēs, ubi haec
audīvit, ad urbem illam contendit et Eurystheō rēgī sē in
servitūtem trādidit. Duodecim annōs in servitūte Eury- 10
stheī tenēbātur et duodecim labōrēs quōs ille imperāverat,
cōnfēcit; hōc enim ūnō[5] modō tantum scelus expiārī
potuit. Dē hīs labōribus plūrima ā poētīs scrīpta sunt.
Multa tamen, quae poētae nārrant, vix crēdibilia sunt.

1. *nihil dīcēbat.*	3. Tiryns, a city in Argolis.
2. Par. *post longam moram,*	4. *iūssa.*
dēnique, ad extrēmum.	5. *alone.*

21. Labor prīmus: Herculēs Nemaeum leōnem occīdit. 15

Prīmum ab Eurystheō iussus est Herculēs leōnem occīdere, quī illō tempore vallem Nemaeam [1]reddēbat īnfēs-
tam. In silvās igitur quās leō incolēbat, statim sē contulit[2]. Mox feram[3] vīdit et arcum quem sēcum attulerat[4],
intendit[5]: ēius tamen pellem[6] quae dēnsissima erat, trāi- 20

1. Par. *faciēbat plēnam perīculī.*	4. *gesserat.*
2. From *cōnferō.* See idioms.	5. cf. Eng. *tension.*
3. *animal saevum.*	6. cf. Eng. *pelt, peltry.*

cere[1] nōn potuit. Tum clāvā[2] māgnā quam semper gerēbat, leōnem percussit[3] : frūstrā tamen, neque enim hōc
modō eum occīdere potuit. Tum dēmum[4] collum mōnstrī brachiīs[5] suīs complexus est, et faucēs[6] ēius summīs
5 vīribus compressit. Hōc modō leō brevī tempore exanimātus est ; nūlla enim respīrandī facultās eī dabātur.
Tum Herculēs cadāver ad oppidum in umerīs rettulit ;
et pellem, quam dētrāxerat, posteā prō veste gerēbat.
Omnēs autem quī eam regiōnem incolēbant ubi fāmam
10 dē morte leōnis accēpērunt[7], vehementer gaudēbant[8] et
Herculem māgnō honōre habēbant.

1. *trānsfīgere.*	5. *arms.*
2. *club.*	6. *jaws.*
3. cf. p. 34, l. 8.	7. *audīvērunt.*
4. *tandem.*	8. cf. p. 36, l. 9.

22. Labor secundus: Herculēs Hydram[1] Lernaeam occīdit.

Post haec iūssus est ab Eurystheō Hydram necāre :
haec autem mōnstrum erat cui novem erant capita. Her-
15 culēs igitur cum amīcō Iolāō profectus est ad palūdem
Lernaeam quam Hydra incolēbat. Mox[2] mōnstrum invēnit, et, quamquam rēs erat māgnī perīculī, collum ēius
laevā[3] prehendīt. Tum dextrā[3] capita novem abscīdere[4]
coepit ; quotiēns[5] tamen hōc fēcerat, nova capita exoriē-
20 bantur[6]. Diū frūstrā labōrābat, tandem hōc cōnātū dēstitit[7] ; cōnstituit deinde arborēs succīdere et īgnem accen-
dere. Hōc celeriter fēcit, et, postquam līgna īgnem

1. The Hydra was a huge	4. cf. p. 35, l. 14.
serpent having nine heads.	5. *as often as.*
2. cf. p. 30, l. 2.	6. *nāscēbantur.*
3. sc. *manū.*	7. *abstinuit.*

comprehendērunt, [1]face ārdente colla adūssit unde[2] capita exoriēbantur. Nōn tamen sine māgnō labōre haec fēcit; vēnit enim auxiliō Hydrae cancer[3] ingēns, quī, dum Herculēs capita abscīdit, crūra ēius mordēbat[4]. Postquam mōnstrum tālī modō interfēcit, sagittās suās sanguine 5 ēius imbuit[5] itaque mortiferās reddidit[6].

1. *with a blazing brand he*	4. *volnerābat, laedēbat.*
scorched the necks.	5. *tinxit, madefēcit.*
2. *ex quibus.*	6. *effēcit.*
3. *crab.*	

23. Labor tertius: Herculēs cervum[1] incrēdibilī celeritāte capit.

Postquam Eurystheō caedēs Hydrae nūntiāta est, māgnus timor animum ēius occupāvit. Iussit igitur Herculem 10 cervum quendam ad sē referre, nōluit enim virum tantae audāciae in urbe retinēre. Hīc autem cervus (cūius cornua aurea fuisse trāduntur[2]) incrēdibilī fuit celeritāte. Herculēs igitur prīmum vestīgia[3] ēius in silvīs animadvertit; deinde, ubi cervum ipsum vīdit, summīs vīribus 15 currere coepit. Ūsque ad vesperum currēbat neque nocturnum tempus[4] sibi ad quiētem relinquēbat. Frūstrā tamen, nūllō enim modō [5]praedam cōnsequī poterat. Tandem, postquam tōtum annum cucurrerat[6] (ita trāditur[7]) cervum cursū exanimātum[8] cēpit et vīvum ad Eury- 20 stheum rettulit.

1. *stag.*	5. Par. *ad cervum pervenīre.*
2. *dīcuntur.*	6. Pluperf. of *currō.*
3. *tracks.*	7. *nārrātur.*
4. obj. of *relinquēbat.*	8. *dēfessum, cōnfectum.*

24.　Labor quartus: Herculēs et aper[1] Erymanthius.

Post haec iūssus est Herculēs aprum quendam capere
quī illō tempore agrōs Erymanthiōs vāstābat, et incolās[2]
hūius regiōnis māgnopere terrēbat. Herculēs rem su-
5　scēpit et in Arcadiam profectus est. Postquam in silvam
paulum prōgressus est, aprō occurrit[3]; ille autem, [4]simul
atque Herculem vīdit, statim refūgit, et, timōre perterri-
tus, in altam fossam sē prōiēcit. Herculēs igitur laque-
um[5] quem attulerat, iniēcit; et summā cum difficultāte
10　aprum ē fossā extrāxit. Ille, etsī multum reluctābātur[6],
nūllō modō sē līberāre potuit; et [7]ab Hercule ad Eurystheum vīvus relātus est.

1. *wild boar.*	6. cf. Eng. *reluctant.*
2. cf. *incolēbat*, p. 37, l. 18.	7. cf. the last sentence of the
3. *obviam iit.*	previous passage, of which this
4. *ubi prīmum.*	is the passive form.
5. *noose.*	

25.　Herculēs ad regiōnem Centaurōrum pervenit.

Dē quartō labōre, quem suprā nārrāvimus, haec etiam
15　trāduntur[1]. Herculēs, dum iter in Arcadiam facit, ad
eam regiōnem vēnit quam Centaurī incolēbant. Mox,
quod nox iam appetēbat[2], ad antrum[3] dēvertit in quō Centaurus quīdam, nōmine Pholus, habitābat.

Ille Herculem benīgnē excēpit et cēnam[4] parāvit. At
20　Herculēs, postquam cēnāvit[5], vīnum ā Pholō postulāvit.
Erat autem in antrō māgna amphora[6] vīnō optimō replēta[7],

1. cf. p. 39, l. 19.	3. *cave.*	5. *cēnam sūmpsit.*
2. *appropinquābat.*	4. *cibum.*	6. *wine jar.*
	7. *plēna.*	

quam Centaurī ibi dēposuerant. Pholus igitur hōc vīnum
dare nōlēbat, quod reliquōs Centaurōs timēbat[1]; nūllum
tamen vīnum praeter hōc in antrō habēbat. "Hōc
vīnum," inquit, "mihi commissum est[2]. Sī igitur hōc
dabō, Centaurī mē interficient." Herculēs tamen eum 5
inrīsit[3] et ipse cyathum[4] vīnī ex amphorā hausit.

1. *metuēbat.*	3. *dērīsit.* cf. Eng. *deride, ridicule.*
2. *mandātum est.*	4. *pōculum.*

26. Proelium cum Centauris.

[1]Simul atque amphora [2]aperta est, odor iūcundissimus
undique diffūsus est; vīnum enim suāvissimum[3] erat.
Centaurī nōtum[4] odōrem sēnsērunt et omnēs ad locum 10
convēnērunt.
Ubi ad antrum pervēnērunt, māgnopere īrātī sunt quod
Herculem bibentem[5] vīdērunt. Tum arma rapuērunt et
Pholum interficere volēbant. Herculēs tamen in aditū[6]
antrī cōnstitit et impetum eōrum fortissimē sustinēbat. 15
[7]Facēs ardentēs in eōs coniēcit, multōs etiam sagittīs
suīs volnerāvit. Hae autem sagittae eaedem erant quae
sanguine Hydrae [8]ōlim imbūtae erant. Omnēs igitur
quōs ille sagittīs volnerāverat, venēnō[9] statim [10]absūmptī
sunt: reliquī autem, ubi hōc vīdērunt, [11]terga vertērunt 20
et fugā salūtem petiērunt.

1. cf. p. 40, l. 6.	6. *ōstiō, līmine.*
2. Ant. *clausa est.*	7. cf. p. 39, l. 1.
3. *dulcissimum.*	8. Par. *quondam tinctae erant.*
4. Ant. *īgnōtum.*	9. cf. Eng. *venom.*
5. cf. Eng. *imbibe.*	10. *ablātī sunt,* i.e. *necātī sunt.*
	11. See idioms.

27. Mors Pholi.

Postquam reliquī fūgērunt, Pholus ex antrō ēgressus[1] est et corpora spectābat eōrum quī sagittīs interfectī erant. Māgnopere autem mīrātus est quod tam levī[2] vol-
5 nere exanimatī erant[3], et causam ēius reī quaerēbat. Adiit igitur locum ubi cadāver cūiusdam Centaurī iacē-bat, et sagittam ē volnere trāxit. Haec tamen, sīve cāsū sīve cōnsiliō deōrum, ē manibus ēius lapsa est et pedem leviter volnerāvit. Ille extemplō[4] dolōrem gravem per
10 omnia membra sēnsit et post breve tempus vī venēnī exanimātus est. Mox Herculēs, quī reliquōs Centaurōs secūtus erat, ad antrum rediit et māgnō cum dolōre Pho-lum mortuum vīdit. Multīs cum lacrimīs corpus amīcī ad sepultūram dedit; tum, postquam alterum cyathum[5]
15 vīnī hausit, [6]somnō sē dedit.

1. cf. Eng. *egress.*	4. *statim.*
2. *parvō.*	5. cf. p. 41, l. 6.
3. *occīsī erant.*	6. *quiēvit, dormīvit.*

28. Labor quintus: Herculēs stabulum Augēae[1] pūrgat.

Deinde Eurystheus Herculī labōrem hunc graviōrem imposuit. Augēās quīdam, quī illō tempore rēgnum in Ēlide obtinēbat, tria mīlia boum habēbat. Hī in stabulō
20 ingentis[2] māgnitūdinis inclūdēbantur; stabulum autem inluviē[3] āc squālōre obsitum[4] erat, neque enim ad hōc tempus umquam pūrgātum erat. Hōc iūssus est Hercu-lēs intrā spatium ūnīus diēī pūrgāre. Ille, etsī rēs erat

1. Augeas, king of Elis. His stables had not been cleaned for thirty years.	2. *māximae.*
	3. *filth.*
	4. *squālidum.*

multae operae, negōtium suscēpit. Prīmum māgnō
labōre fossam duodēvīgintī pedum fēcit, per quam flūminis aquam dē montibus ad mūrum stabulī perdūxit. Tum,
postquam mūrum perrūpit[1], aquam in stabulum immīsit
et tālī modō, contrā opīniōnem omnium, opus cōnfēcit[2]. 5

1. *perfrēgit.*   2. *perfēcit.*

29. Labor sextus : avēs Stymphālī.

Post paucōs diēs Herculēs ad oppidum Stymphālum
iter fēcit, imperāverat enim eī Eurystheus ut avēs Stym-
phālidēs necāret. Hae avēs [1]rōstra aēnea habēbant et
carne[2] hominum vēscēbantur[3]. Ille, postquam ad locum 10
pervēnit, lacum vīdit ; in hōc autem lacū, quī nōn procul
erat ex oppidō, avēs habitābant. [4]Nūlla tamen dabātur
appropinquandī facultās, lacus enim nōn ex aquā sed ē
līmō[5] cōnstitit ; Herculēs igitur neque pedibus neque
lintre[6] prōgredī potuit. 15

Ille, cum māgnam partem diēī frūstrā cōnsūmpsisset,
hōc cōnātū dēstitit et ad Volcānum[7] sē contulit, ut auxilium ex eō peteret. Volcānus (quī ab fabrīs[8] māximē
colēbātur), crepundia[9] quae ipse ex aere[10] fabricātus erat,
Herculī dedit. Hīs[11] Herculēs tam dīrum crepitum[12] 20
fēcit ut avēs perterritae āvolārent ; ille autem, dum āvo-
lant, māgnum numerum eōrum sagittīs trānsfīxit.

1. *beaks of brass.*
2. From *carō*, cf. Eng. *carnal.*
The abl. is governed by *vēscēbantur.*
3. *edēbant.*
4. Par. *nōn tamen appropin-
quāre poterat.*
5. *mud.*

6. *cymbā, nāvī.*
7. Vulcan, the god of fire and
metal-working.
8. *artificibus.*
9. *a rattle.*
10. cf. p. 27, l. 18.
11. Refers to *crepundia.*
12. *sonitum, strepitum.*

30. Labor septimus : Herculēs taurum ex Crētā refert.

Tum imperāvit Herculī Eurystheus ut taurum quendam
ferōcissimum[1] ex īnsulā Crētā vīvum referret. Ille igitur
[2]nāvem cōnscendit et, cum ventus idōneus[3] esset, statim
5 solvit[4]. Cum tamen īnsulae iam appropinquāret, tanta
tempestās subitō coorta est ut nāvis cursum tenēre nōn
posset. Tantus autem timor animōs nautārum occupāvit
ut paene omnem spem salūtis dēpōnerent[5]. Herculēs,
tamen, etsī nāvigandī imperītus[6] erat, haudquāquam[7] ter-
10 ritus est.

Post breve tempus summa tranquillitās cōnsecūta est,
et nautae, quī sē ex timōre iam recēperant, nāvem incolumem[8] ad terram perdūxērunt. Herculēs ē nāvī ēgressus est et, cum ad rēgem Crētae vēnisset, causam veni-
15 endī docuit. Deinde, postquam omnia parāta sunt, ad
eam regiōnem contendit quam taurus vāstābat. Mox
taurum vīdit et, quamquam rēs erat māgnī perīculī, cornua ēius prehendit[9]. Tum, cum ingentī labōre mōnstrum ad nāvem trāxisset, cum praedā in Graeciam rediit.

1. *saevissimum.*
2. See idioms.
3. *aptus, commodus, secundus.*
4. Lit. *he loosed,* referring to
casting off the ropes before
sailing.
5. *dīmitterent, abicerent.*
6. *īgnārus.*
7. *nēquāquam, minimē om-
nium, nōn omnīnō.*
8. *salvam, integram.*
9. *manibus cēpit.*

20   ### 31. Labor octāvus : Herculēs et equī Diomēdis.

Postquam ex īnsulā Crētā rediit, Herculēs ab Eurystheō in Thrāciam missus est ut equōs Diomēdis redūce-

ret. Hī equī [1]carne hominum vēscēbantur ; Diomēdēs autem, vir crūdēlissimus, eīs prōiciēbat peregrīnōs[2] omnēs quī in eam regiōnem vēnerant. Herculēs igitur māgnā celeritāte in Thrāciam contendit et ab Diomēde postulāvit ut equī sibi trāderentur. Cum tamen ille hōc 5 facere nōllet, Herculēs, īrā commōtus, rēgem interfēcit et cadāver ēius equīs prōicī iussit.

Ita mīra rērum commūtātiō facta est : is enim quī anteā multōs cum cruciātū[3] necāverat, ipse eōdem suppliciō necātus est. Cum haec nūntiāta essent, omnēs 10 quī eam regiōnem incolēbant[4], māximā laetitiā affectī sunt et Herculī meritam [5]grātiam referēbant. Nōn modo māximīs honōribus et praemiīs eum decorāvērunt, sed ōrābant[6] etiam ut rēgnum ipse susciperet[7]. Ille tamen hōc facere nōlēbat, et, cum ad mare rediisset, nāvem occu- 15 pāvit[8]. Ubi omnia ad nāvigandum parāta sunt, equōs in nāvem collocāvit[9]; deinde, [10]cum idōneam tempestātem nactus esset, sine morā ē portū solvit, et [11]paulō post equōs in lītus[12] Argolicum exposuit.

1. cf. **29**, n. 2.	8. *cōnscendit.*
2. Ant. *cīvēs.*	9. *posuit.*
3. *tormentō, summō dolōre.*	10. Par. *cum ventus idōneus*
4. cf. p. 37, l. 18.	*esset,* cf. p. 44, l. 4.
5. See idioms.	11. *post breve tempus.*
6. *rogābant.*	12. cf. **2**, n. 1.
7. *occupāret.*	

32. Labor nōnus: Herculēs iubētur balteum[1] Hippolytēs, 20
Amāzonum rēgīnae, obtinēre.

Gēns Amāzonum dīcitur omnīnō ex mulieribus cōnstitisse[2]. Hae summam · scientiam reī mīlitāris habēbant

1. cf. Eng. *belt.*	2. *fuisse.*

et tantam virtūtem praebēbant[1] ut cum virīs proelium
committere audērent[2]. Hippolytē, Amāzonum rēgīna,
balteum habuit celeberrimum quem Mārs eī dederat.
Admēta autem, Eurystheī fīlia, fāmam dē hōc balteō
5 accēperat et eum possidēre vehementer cupiēbat. Eurystheus igitur Herculī mandāvit[3] ut [4]cōpiās cōgeret et bellum Amāzonibus īnferret. Ille nūntiōs in omnēs partēs
dīmīsit et, cum māgna multitūdō convēnisset, eōs dēlēgit[5]
quī māximum ūsum in rē mīlitārī habēbant.

1. *exhibēbant.*	3. *imperāvit.*
2. Not *audīrent.* cf. *audāx,*	4. Par. *mīlitēs conligeret.*
audācia.	5. cf. Eng. *delegate.*

10   **33. Hippolytē balteum dare nōn volt.**

Hīs virīs Herculēs persuāsit, postquam causam itineris
exposuit, ut sēcum iter facerent. Tum cum eīs quibus
persuāserat [1]nāvem cōnscendit, et, cum ventus idōneus
esset, post paucōs diēs ad ōstium flūminis Thermōdontis
15 appulit[2]. Postquam in fīnēs Amāzonum vēnit, nūntium
ad Hippolytam mīsit quī causam veniendī docēret et balteum pōsceret. Ipsa Hippolytē balteum trādere[3] volēbat,
quod[4] dē Herculis virtūte fāmam accēperat ; reliquae[5]
tamen Amāzonēs eī[6] persuāsērunt ut negāret. At Her-
20 culēs, cum haec nūntiāta essent, bellī fortūnam temptāre
cōnstituit.

Proximō igitur diē, cum cōpiās ēdūxisset, locum idō-
neum dēlēgit et hostēs ad pūgnam ēvocāvit. Amāzonēs

1. cf. p. 44, l. 4.	4. *quia, quoniam.*
2. *appropinquāvit.*	5. *cēterae.*
3. *dare.*	6. i.e. Hippolyte.

quoque cōpiās suās ex castrīs ēdūxērunt et [1]nōn māgnō
intervāllō aciem īnstrūxērunt.

1. *prope, nōn procul.*

34. Proelium cum Amāzonibus.

Palūs[1] erat nōn māgna inter duo exercitūs; neutrī
tamen initium trānseundī facere volēbant. Tandem Her- 5
culēs sīgnum dedit et, ubi palūdem trānsiit, proelium
commīsit.

Amāzones impetum virōrum fortissimē sustinuērunt et
contrā opīniōnem omnium tantam virtūtem praestitērunt[2]
ut multōs eōrum occīderint, multōs etiam in fugam con- 10
iēcerint[3]. Virī enim novō genere pūgnae perturbābantur,
nec solitam[4] virtūtem praestābant. Herculēs autem, cum
haec vidēret, dē suīs fortūnīs dēspērāre coepit. Militēs
igitur vehementer cohortātus est ut prīstinae[5] virtūtis
memoriam retinērent, neu[6] [7]tantum dēdecus admitterent, 15
hostiumque impetum fortiter sustinērent; quibus verbīs
animōs omnium ita ērēxit[8] ut multī, etiam quī volneribus
cōnfectī[9] essent, proelium sine morā redintegrārent[10].

1. *aqua stāgnāns.*
2. *exhibuērunt, ostendērunt.*
3. *dederint.*
4. *adsuētam.*
5. cf. Eng. *pristine.*
6. *neu = et nē.*

7. Par. *tantam infāmiam fer-*
rent.
8. *excitāvit.*
9. *dēbilitātī, īnfīrmī.*
10. *renovārent.*

35. Amāzones vincuntur.

Diū et ācriter pūgnātum est[1]; tandem tamen ad sōlis 20

1. *pūgnō* in the passive voice
is always impersonal. Do not

translate it literally: here, *they*
fought.

occāsum tanta commūtātiō[1] rērum facta est ut mulierēs
[2]terga verterent et fugā salūtem peterent. Multae autem
volneribus dēfessae[3], dum fugiunt, captae sunt ; in quō
numerō ipsa erat Hippolytē. Herculēs summam clēmen-
5 tiam[4] praestitit[5] et, postquam balteum accēpit, lībertātem
omnibus captīvīs dedit. Post haec sociōs ad mare redūxit
et, quod nōn [6]multum aestātis supererat, in Graeciam
proficīscī mātūrāvit[7]. Nāvem igitur cōnscendit et, [8]tem-
pestātem idōneam nactus, statim solvit[9] : antequam
10 tamen in Graeciam pervēnit, ad urbem Trōiam [10]nāvem
appellere cōnstituit ; frūmentum enim, quod sēcum habēbat, iam dēficere[11] coeperat.

1. cf. Eng. *commutation.*	7. *contendit, festīnāvit.*
2. See idioms.	8. Par. *cum ventus idōneus*
3. *cōnfectae, dēfatīgātae, lassae.*	*esset. nactus* is from *nancīscor*
4. *hūmānitātem, benīgnitātem.*	*= forte inveniō.*
5. cf. p. 47, l. 9.	9. cf. **30**, n. 4.
6. *multum aestātis = much of*	10. *nāvigāre.*
the summer.	11. cf. Eng. *deficient, deficit.*

36. Lāomedōn, rēx Trōiae, et mōnstrum.

Lāomedōn quīdam illō tempore rēgnum Trōiae obtinē-
15 bat ; ad hunc Neptūnus et Apollō annō superiōre vēnerant et, cum Trōia nōndum moenia habēret, ad hōc opus
auxilium obtulerant[1]. Postquam tamen hōrum auxiliō
moenia cōnfecta sunt, nōlēbat Lāomedōn praemium quod
prōposuerat, persolvere[2].
20 Neptūnus igitur et Apollō, ob hanc causam īrātī[3], mōnstrum quoddam mīsērunt speciē[4] horribilī, quod cottīdiē ē

1. From *offerō.*	3. cf. Eng. *irate, ire.*
2. *dare, pendere.*	4. cf. p. 27, l. 18.

marī veniēbat et hominēs pecudēsque vorābat[1]. Trōiānī
igitur, timōre perterritī, in urbe continēbantur et pecora[2]
omnia ex agrīs intrā mūrōs compulerant.   Lāomedōn,
hīs rēbus commōtus, ōrāculum cōnsuluit; deus autem eī
praecēpit[3] ut fīliam Hēsionem mōnstrō obiceret[4].   5

    1. cf. Eng. *devour.*   3. *monuit, imperāvit.*
    2. *animalia, bēstiās.*   4. *trāderet.*

37. Hēsionē, fīlia rēgis, ab Hercule servātur.

Lāomedōn, cum hōc respōnsum renūntiātum esset,
māgnum dolōrem percēpit[1]; sed tamen, ut cīvēs suōs
tantō perīculō līberāret, ōrāculō pārēre cōnstituit et [2]diem
sacrificiō dīxit.   Sed, sīve cāsū[3] sīve cōnsiliō deōrum,   10
Herculēs tempore opportūnissimō Trōiam attigit[4]; ipsō
enim temporis pūnctō[5] quō puella catēnīs vincta ad lītus[6]
dēdūcēbātur, ille [7]nāvem appulit.   Herculēs, ē nāvī ēgressus, dē rēbus quae gerēbantur [8]certior factus est: tum,
īrā commōtus, ad rēgem sē contulit et auxilium suum   15
obtulit[9].   Cum rēx libenter eī concessisset[10] ut, sī posset,
puellam līberāret, Herculēs mōnstrum interfēcit et puellam, quae jam [11]omnem spem salūtis dēposuerat, incolumem[12] ad patrem redūxit.   Lāomedōn māgnō cum
gaudiō fīliam suam accēpit, et Herculī prō tantō beneficiō   20
meritās [13]grātiās rettulit.

    1. *sēnsit,* cf. p. 28, l. 22.   8. See idioms.
    2. See idioms.   9. cf. p. 48, l. 17.
    3. *by chance.*   10. *permīsisset.*
    4. *pervēnit.*   11. cf. p. 30, l. 8.
    5. *mōmentō.*   12. *salvam.*
    6. cf. 2, n. 1.   13. See idioms.
    7. Par. *in portum nāvigāvit.*

38. Labor decimus: bovēs Gēryonis.

Post haec missus est Herculēs ad īnsulam Erythīam ut
bovēs Gēryonis arcesseret[1]. Rēs erat summae difficultātis,
quod bovēs ā gigante Eurytiōne et ā cane bicipite[2] custō-
5 diēbantur. Ipse autem Gēryōn speciem horribilem praebēbat[3]; habēbat enim tria corpora inter sē coniūncta.
Herculēs tamen, etsī intellegēbat quantum perīculum
esset, negōtium[4] suscēpit; et postquam per multās terrās
iter fēcit, ad eam partem Libyae pervēnit quae Eurōpae
10 proxima est. Ibi in utrāque parte fretī[5] quod Eurōpam
ā Libyā dīvidit, columnās cōnstituit[6], quae posteā Herculis Columnae appellātae sunt.

1. *abdūceret.*
2. Etymology *bi-*, *twice* or
double; caput, head.
3. *exhibēbat.*

4. *rem.*
5. *strait.*
6. *posuit.*

39. Herculēs Gēryonem interficit et obtinet bovēs.

Dum hīc[1] morātur, Herculēs magnum incommodum[2]
15 ex calōre[3] sōlis accipiēbat : tandem igitur, īrā commōtus,
arcum suum intendit[4] et sōlem sagittīs petiit[5]. Sōl
tamen audāciam virī tantum admīrātus est ut lintrem[6]
auream eī dederit. Herculēs hōc dōnum libentissimē[7]
accēpit; nūllam enim nāvem in hīs regiōnibus invenīre
20 potuerat. Tum lintrem dēdūxit[8] et, ventum nactus[9] idō-
neum, post breve tempus ad īnsulam pervēnit. Ubi ex

1. *in hōc locō.*
2. *molestiam.*
3. *ārdōre.*
4. cf. p. 37, l. 20.
5. *aimed at.*

6. *nāvem, cymbam.*
7. Ant. *invītissimē.*
8. *launched.*
9. cf. **35**, n. 8.

incolīs cōgnōvit quō in locō bovēs essent, in eam partem
statim profectus est et ā rēge Gēryone postulāvit[1] ut
bovēs sibi trāderentur.   Cum tamen ille hōc facere nōllet,
Herculēs et rēgem ipsum et gigantem Eurytiōnem inter-
fēcit.   5

1. flāgitāvit, popōscit.

40. Proelium in Ligurēs et imber[1] lapidum.

Tum Herculēs bovēs per Hispāniam et Liguriam com-
pellere[2] cōnstituit : postquam igitur omnia parāta sunt,
bovēs ex īnsulā ad continentem trānsportāvit.   Ligurēs
tamen, gēns bellicōsissima, dum ille per fīnēs eōrum iter 10
facit, māgnīs cōpiīs convēnērunt atque eum longius prōgredī prohibēbant.   Herculēs māgnam difficultātem habēbat; barbarī enim in locīs superiōribus cōnstiterant et
saxa tēlaque in eum coniciēbant.   Ille quidem paene
[3]omnem spem salūtis dēposuerat; sed tempore opportūnis- 15
simō Iuppiter imbrem lapidum ingentium[4] ē caelō dēmīsit.
Hī tantā vī cecidērunt ut māgnum numerum Ligurum
occiderint; ipse tamen Herculēs [5]nihil incommodī cēpit.

<table>
<tr><td>1. shower.</td><td>4. Stronger than māgnōrum.</td></tr>
<tr><td>2. agere.</td><td>5. Par. nulla volnera.</td></tr>
<tr><td>3. cf. p. 30, l. 8.</td><td></td></tr>
</table>

41. Trānsitus Alpium.

Postquam Ligurēs hōc modō superātī sunt[1], Herculēs 20
quam celerrimē prōgressus est et post paucōs diēs ad
Alpēs pervēnit.   Necesse erat hōs trānsīre ut in Ītaliam
bovēs dūceret ; rēs tamen summae erat difficultātis : hī
enim montēs quī Galliam ūlteriōrem[2] ab Ītaliā dīvidunt,

1. vīctī sunt.   2. Ant. citeriōrem.

nive[1] perennī[2] teguntur; quam ob causam neque frūmentum neque pābulum[3] in hīs regiōnibus invenīrī potest.
Herculēs igitur, antequam ascendere coepit, māgnam
cōpiam frūmentī et pābulī comparāvit et bovēs onerāvit[4].
5 Postquam in hīs rēbus trēs diēs cōnsūmpserat, quartō diē
profectus est et, contrā omnium opīniōnem, bovēs incolumēs[5] in Ītaliam trādūxit.

1. *snow.*
2. Etymology *per, through-*
out; annus, the year.

3. *pābulum est cibus bēstiārum.*
4. cf. Eng. *onerous.*
5. cf. p. 49, l. 18.

42. Cācus, gigās quīdam, bovēs aufert.

Post breve tempus ad flūmen Tiberim vēnit, illō tamen
10 tempore nūlla erat urbs in eō locō; Rōma enim nōndum
condita est. Herculēs, itinere fessus, cōnstituit ibi paucōs diēs morārī ut sē ex labōribus recreāret. Haud procul ex valle ubi bovēs pāscēbantur, antrum[1] erat in quō
gigās quīdam, nōmine Cācus, tum habitābat. Hīc spe-
15 ciem terribilem praebēbat, nōn modo quod ingentī māgnitūdine corporis erat, sed quod īgnem ex ōre exspīrābat.
Cācus autem dē adventū Herculis [2]fāmam accēperat:
noctū[3] igitur vēnit, et, dum Herculēs dormit, quattuor
pulcherrimōrum boum abripuit. Hōs caudīs[4] in antrum
20 trāxit, nē Herculēs vestīgiīs[5] animadvertere posset quō
in locō cēlātī essent.

1. cf. p. 40, l. 17.
2. Par. *rūmōrem audīverat.*
3. *nocturnō tempore.*

4. *by their tails.*
5. abl. of means.

43. Herculēs bovēs āmissōs undique[1] quaerit.

Posterō diē, [2]simul atque ē somnō excitātus est, Herculēs fūrtum[3] animadvertit et bovēs āmissōs undique quaerēbat. Hōs tamen nusquam reperīre poterat ; nōn modo quod locī nātūram īgnōrābat, sed quod vestīgiīs falsīs 5 dēceptus est. Tandem, cum māgnam partem diēī frūstrā cōnsūmpsisset, cum reliquīs bōbus prōgredī cōnstituit. At, dum proficīscī parat, ūnus ē bōbus quōs sēcum habuit, mūgīre[4] coepit. Extemplō[5] eī quī in antrō inclūsī erant, mūgītum reddidērunt, et hōc modō Herculem [6]certiōrem 10 fēcērunt [7]quō in locō cēlātī essent. Ille, vehementer īrātus, ad spēluncam[8] quam celerrimē [9]sē contulit ut praedam reciperet. At Cācus saxum ingēns ita dēiēcerat ut aditus spēluncae omnīnō obstruerētur.

1. cf. p. 30, l. 1.	5. *statim.*
2. cf. p. 31, l. 12.	6. See idioms.
3. *theft.* cf. *furtive.*	7. cf. p. 52, l. 20.
4. *to low.*	8. *antrum.*
9. See idioms.	

44. Bōbus repertīs, Cācus necātur. 15

Herculēs, cum nūllum alium introitum[1] reperīre[2] posset, hōc saxum āmovēre cōnātus est ; sed propter ēius māgnitūdinem rēs erat difficillima. Diū frūstrā labōrābat neque quidquam efficere poterat : tandem tamen māgnō cōnātū saxum āmōvit et spēluncam[3] patefēcit[4]. Ibi āmissōs bovēs 20 māgnō cum gaudiō cōnspēxit[5] ; sed Cācum ipsum vix

1. *aditum.*	3. cf. **43**, n. 8.
2. *invenire.*	4. *aperuit.*
5. *vidit.*	

cernere[1] potuit, quod spēlunca replēta erat fūmō[2] quem
ille mōre suō ēvomēbat. Herculēs, [3]inūsitātā speciē turbātus, breve tempus haesitābat ; mox tamen in spēluncam
inrūpit[4] et collum[5] mōnstrī bracchiīs[6] complexus est[7].
5 Ille, etsī [8]multum reluctātus est, nūllō modō sē līberāre[9]
potuit; et, cum nūlla facultās respīrandī darētur, mox,
quod necesse fuit, exanimātus est[10].

1. *vidēre, cōnspicere.*
2. *smoke.* cf. Eng. *fumes.*
3. Par. *inūsitātō aspectū commōtus.*
4. *inruit, invāsit.*
5. cf. p. 39, l. 1.
6. *arms.*

7. *comprehendit.*
8. Par. *vehementer repūgnā-
vit, summā vī restitit.*
9. *ēripere.*
10. *animā prīvātus est, necātus
est.*

45. Labor ūndecimus : aurea pōma[1] Hesperidum.

Eurystheus, postquam bovēs Gēryonis accēpit, labōrem
10 ūndecimum Herculī imposuit, graviōrem quam quōs[2] suprā
nārrāvimus. Mandāvit[3] enim eī ut aurea pōma ex hortō
Hesperidum auferret. Hesperidēs autem nymphae erant
quaedam fōrmā praestantissimā[4], quae in terrā longinquā[5]
habitābant, et quibus aurea quaedam pōma ā Iūnōne com-
15 missa erant. Multī hominēs, aurī cupiditāte inductī, haec
pōma auferre iam anteā cōnātī erant: rēs tamen difficillima erat ; namque hortus in quō pōma erant, mūrō ingentī
undique circumdatus est ; praetereā dracō[6] quīdam, cui[7]
centum erant capita, portam hortī dīligenter custōdiēbat.

1. *apples.*
2. The antecedent of *quōs* is
labōrēs understood.
3. *imperāvit.*

4. *pulcherrimā.*
5. *remōtā.*
6. *serpēns.*
7. The dative of possessor.

Opus¹ igitur quod Eurystheus Herculī imperāverat, erat summae difficultātis, nōn modo ob causās quās memorāvimus², sed quod Herculēs omnīnō īgnōrābat quō in locō hortus ille situs³ esset.

1. *labor.*   2. *nārrāvimus.*   3. *positus.*

46. Herculēs Atlantem vīsit.   5

Herculēs, quamquam quiētem vehementer cupiēbat, cōnstituit tamen ¹Eurystheō pārēre; et ²simul āc iūssa ēius accēpit, proficīscī mātūrāvit³. Ā multīs mercātōribus⁴ quaesīverat quō in locō Hesperides habitārent; nihil tamen certum reperīre potuerat. Frūstrā per multās 10 terrās iter fēcit et multa perīcula subiit: tandem, cum in hīs itineribus tōtum annum cōnsūmpsisset, ad extrēmam partem orbis quae proxima erat Ōceanō, pervēnit. Hīc stābat vir quidam, nōmine Atlās, ingentī māgnitūdine corporis, quī caelum (ita trādunt⁵) umerīs suīs sustinēbat 15 nē in terram dēcideret⁶. Herculēs tantum labōrem māgnopere mīrātus, ⁷post paulō in conloquium cum Atlante vēnit, et, cum causam itineris docuisset, auxilium ēius petiit.

1. Par. *iūssa Eurystheī facere.*   4. *merchants.*
2. *simul atque, ubi prīmum.*   5. *nārrant, dīcunt.*
3. *contendit, festīnāvit.*   6. Not *dēcīderet.*
7. *mox, post breve tempus.*

47. Herculēs, Atlante absente, caelum sustinet.   20

Atlās autem potuit Herculī māximē prōdesse¹; ille enim, cum ipse esset pater Hesperidum, bene scīvit quō

1. *iuvāre* with acc., *auxilium dare.*

in locō esset hortus. Postquam igitur audīvit quam ob causam Herculēs vēnisset, "Ipse," inquīt[1], "ad hortum ībō, et filiābus meīs persuādēbō ut pōma [2]suā sponte trādant." Herculēs, cum haec audīret, māgnopere gāvīsus 5 est[3] ; nōluit enim vim adhibēre[4], sī rēs aliter[5] fierī posset : cōnstituit igitur oblātum[6] auxilium accipere. Atlās tamen postulāvit ut, dum ipse abesset, Herculēs caelum umerīs sustinēret. Hōc igitur negōtium[7] Herculēs libenter suscēpit ; et, quamquam rēs erat summī labōris, tōtum pon-
10 dus caelī continuōs complūrēs[8] diēs sōlus sustinēbat.

1. *ait, dīcit.*
2. *libenter, nūllō cōgente.*
3. The perfect of *gaudeō.* cf. *laetātus est.*
4. *adferre.*
5. *aliō modō.*
6. Participle from *offerō.*
7. Par. *opus, labōrem.*
8. *permultōs.*

48. Herculēs pōma ab Atlante accipit.

Atlās intereā[1] abierat et ad hortum Hesperidum, quī pauca mīlia passuum aberat, sē quam celerrimē contulerat. Eō[2] cum vēnisset, causam veniendī exposuit, et filiās suās
15 vehementer hortātus est ut pōma trāderent. Illae diū haerēbant[3]; nōlēbant enim hōc facere, quod ab ipsā Iūnōne (dē quā ante dictum est) hōc mūnus[4] accēperant. Atlās tamen, post multa verba, eīs persuāsit ut sibi pārērent[5], et pōma ad Herculem rettulit[6]. Herculēs intereā,
20 cum plūrēs diēs exspectāvisset neque ūllam fāmam dē reditū Atlantis accēpisset, hāc morā graviter commōtus est. Tandem quīntō diē Atlantem vīdit redeuntem et

1. *interim.*
2. *illūc, in eum locum.*
3. *dubitābant, haesitābant.*
4. *dōnum.*
5. cf. p. 55, l. 7.
6. *reportāvit.*

mox māgnō cum gaudiō pōma accēpit; tum postquam
¹grātiās prō tantō beneficiō ēgit, ad Graeciam proficīscī
mātūrāvit.   1. See idioms.

49. Labor duodecimus: canis Cerberus.

Postquam aurea pōma ad Eurystheum relāta sunt, ūnus 5
modo¹ relinquēbātur ē duodecim labōribus quōs Pȳthia²
Herculī praecēperat³.   Eurystheus autem, cum Herculem
māgnopere timēret, volēbat eum in aliquem locum mittere
unde⁴ numquam redīre posset.   Negōtium⁵ igitur eī dedit
ut canem Cerberum ex Orcō⁶ in lūcem traheret.   Hōc 10
opus omnium difficillimum erat, nēmō enim umquam ex
Orcō redierat.   Praetereā Cerberus iste mōnstrum erat
horribilī speciē, cui tria erant capita serpentibus saevīs
circumvolūta.   Antequam tamen hunc labōrem nārrāmus,
⁷nōn aliēnum vidētur, quoniam dē Orcō mentiōnem fēci- 15
mus, pauca dē istā regiōne prōpōnere⁸.

1. *tantum, sōlum.*   6. Orcus is the abode of the
2. cf. **19**.   dead, Hades.
3. *imperāverat, iusserat.*   7. *it does not seem out of*
4. *ex quō.*   *place.*
5. cf. p. 56, l. 8.   8. *nārrāre.*

50. Orcus.

Dē Orcō, quī īdem¹ Hādēs dīcēbātur², haec trāduntur³.
Ut⁴ quisque ⁵ē vītā discesserat, mānēs⁶ ēius ad Orcum,

1. *quoque, etiam.*   3. *feruntur, nārrantur.*
2. *nōmīnābātur, appellābātur,*   4. *whenever.*
vocābātur.   5. *ē vītā discēdere = morī.*
            6. *ghost, shade.*

sēdem mortuōrum, ā deō Mercuriō dēdūcēbantur. Hūius
regiōnis, quae sub terrā fuisse dīcitur, rēx erat Plūtō, cui
uxor erat Prōserpina, Iovis et Cereris fīlia. Mānēs igitur,
ā Mercuriō dēductī, prīmum ad rīpam veniēbant Stygis[1]
5 flūminis, quō continētur[2] rēgnum Plūtōnis. Hōc trānsīre
necesse erat, antequam in Orcum venīre possent. Cum
tamen hōc flūmen nūllō ponte iūnctum esset, mānēs trāns-
vehēbantur ā Charonte quōdam quī cum parvā scaphā[3]
ad rīpam exspectābat. Charōn prō hōc officiō[4] mercē-
10 dem[5] postulābat, neque volēbat quemquam, nisi hōc
praemium[6] prius dedisset, trānsvehere. Ob hanc causam
mōs erat apud antīquōs nummum[7] in ōre mortuī pōnere
eō cōnsiliō, ut, cum ille ad Stygem vēnisset, pretium trā-
iectūs[8] solvere posset. Eī autem quī post mortem in
15 terrā nōn sepultī[9] erant, Stygem trānsīre nōn potuērunt,
sed in lītore per centum annōs errāre[10] coāctī sunt : tum
dēmum licuit Orcum intrāre[11].

1. The Styx was a river of
the infernal regions, across which
Charon ferried the souls of the
dead.
2. *cingitur, circumfluitur.*
3. *lintre.* cf. p. 50, l. 17.
4. *mūnere.*

5. *pretium.*
6. *mercēdem.*
7. *sēstertium*, a coin worth
about five cents.
8. *trānseundī.*
9. cf. Eng. *sepulture.*
10. *vagārī, obambulāre.*

11. *inīre, ingredī.*

51. Rēgnum Plūtōnis.

Postquam mānēs Stygem hōc modō trānsierant, ad alte-
20 rum veniēbant flūmen quod Lēthē[1] appellātum est. Ex hōc
flūmine aquam bibere cōgēbantur : quod[2] cum fēcissent,

1. Lethe means *forgetfulness.*   2. Object of *fēcissent.*

rēs omnēs in vītā gestās[1] ē memoriā dēpōnēbant. Dēnique ad sēdem ipsam Plūtōnis veniēbant, cūius introitus[2] ā
cane Cerberō custōdiēbātur. Ibi Plūtō, nigrō vestītū in-
dūtus[3], cum uxōre Prōserpinā in soliō[4] sedēbat. Stābant
etiam nōn procul ex eō locō tria alia solia in quibus sedē-   5
bant Mīnōs, Rhadamanthus, et Aeacus, iūdicēs īnferōrum.
Hī mortuīs [5]iūs dicēbant et praemia poenāsque cōnstituē-
bant : bonī enim in Campōs Ēlysiōs, sēdem beātōrum,
veniēbant ; improbī[6] autem in Tartarum mittēbantur et
multīs variīsque suppliciīs[7] ibi excruciābantur[8].   10

1. *āctās.*	6. Ant. *bonī.*
2. *aditus.*	7. *poenīs.*
3. *amictus, circumdatus.*	8. cf. Eng. *excruciating; tor-*
4. *sellā rēgālī.*	*menta ferēbant.*
5. See idioms.	

52. Cymba[1] Charontis.

Herculēs postquam imperia[2] Eurysthēī accēpit, in Lacō-
niam ad Taenarum statim sē contulit : ibi enim spēlunca[3]
erat ingentī māgnitūdine, per quam (ut trādēbātur[4]) hominēs ad Orcum dēscendēbant. Eō[5] cum vēnisset, ex incolīs 15
quaesīvit quō in locō spēlunca illa sita esset[6]: quod cum
cōgnōvisset, sine morā dēscendere cōnstituit. Nōn tamen
sōlus hōc iter faciēbat, Mercurius enim et Minerva sē
sociōs eī adiūnxerant. Ubi ad rīpam Stygis vēnit, Herculēs scapham Charontis cōnscendit ut ad ūlteriōrem 20
rīpam trānsīret. Cum tamen Herculēs vir esset ingentī

1. *scapha, linter.*	4. cf. p. 57, l. 17.
2. *iūssa, mandāta.*	5. cf. p. 56, l. 14.
3. cf. p. 53, l. 12.	6. cf. p. 55, l. 4.

māgnitūdine corporis, Charōn solvere[1] nōlēbat; māgnopere enim [2]verēbātur nē scapha sua, tantō pondere onerāta,
in mediō flūmine mergerētur[3]. Tandem tamen, minīs[4]
Herculis territus, Charōn scapham solvit, et eum incolu-
5 mem ad ūlteriōrem rīpam perdūxit.

1. cf. **30**, n. 4.   3. cf. Eng. *immerse, submerge.*
2. See idioms.   4. *verbīs īrātīs.*

53. Herculēs Cerberum ex Orcō ad urbem Eurystheī trahit.

Postquam flūmen Stygem tālī modō trānsiit, Herculēs
in sēdem ipsīus Plūtōnis vēnit; et, postquam causam
10 veniendī docuit, ab eō petīvit ut Cerberum auferre sibi
licēret.   Plūtō, quī dē Hercule fāmam accēperat, eum
benignē excēpit, et facultātem[1] quam ille petēbat libenter
dedit.   Postulāvit tamen ut Herculēs, postquam iūssa
Eurystheī explēvisset[2], Cerberum in Orcum rūrsus redū-
15 ceret.   Herculēs haec pollicitus est, et Cerberum, quem
nōn sine māgnō perīculō manibus prehenderat[3], summō
cum labōre ex Orcō in lūcem et ad urbem Eurystheī
trāxit.   Eō[4] cum vēnisset, tantus pavor[5] animum Eurystheī occupāvit ut ex ātriō[6] statim refūgerit : cum autem
20 paulum[7] sē ex timōre recēpisset, multīs cum lacrimīs
obsecrāvit[8] Herculem ut mōnstrum sine morā in Orcum
redūceret.   Sīc, contrā omnium opīniōnem, duodecim
illī labōrēs quōs Pȳthia praecēperat, intrā duodecim

1. *veniam, licentiam.*   6. The *atrium* was the prin-
2. *exsecūtus esset.*   cipal room of a Roman house.
3. *cēperat.*   7. *parum.* Ant. *multum,*
4. Adv.   *māgnopere.*
5. *timor.*   8. *precātus est, obtestātus est.*

annōs cōnfectī sunt[1]: [2]quae cum ita essent, Herculēs, servitūte tandem līberātus, māgnō cum gaudiō Thēbās rediit.

1. *perāctī sunt.*   2. See idioms.

54. Herculēs et Nessus, Centaurus.

Post haec Herculēs multa alia praeclāra[1] perfēcit quae 5
nunc perscrībere [2]longum est : tandem, iam [3]aetāte prō-
vectus, Dēianīram Oeneī fīliam in mātrimōnium dūxit:
post tamen trēs annōs accidit ut puerum quendam,
nōmine Eunomum, cāsū occīderet. Cum autem mōs
esset ut, sī quis hominem cāsū occīdisset, in exsilium 10
īret, Herculēs cum uxōre suā ē fīnibus ēius cīvitātis exīre
mātūrāvit. Dum tamen iter faciunt, ad flūmen quoddam
pervēnērunt quod nūllō ponte iūnctum erat, et, dum quae-
runt quōnam[4] modō flūmen trāiciant[5], accurrit Centaurus
quīdam, nōmine Nessus, quī auxilium viātōribus obtulit. 15
Herculēs igitur uxōrem suam in tergum Nessī imposuit :
tum ipse flūmen nandō[6] trāiēcit. At Nessus, paulum in
aquam prōgressus[7], ad rīpam subitō reversus est[8] et
Dēianīram auferre cōnābātur[9]. Quod cum animadvertisset[10] Herculēs, īrā graviter commōtus, arcum intendit et 20
pectus Nessī sagittā trānsfīxit.

1. *ēgregia, eximia.* The adj.
is used substantively.
2. See idioms.
3. *senex, aetāte prōgressus.*
4. *quōnam :* the enclitic *-nam*
makes *quō* emphatic.

5. *trānseant.*
6. *by swimming,* abl. of the
gerund expressing means.
7. *profectus.*
8. *rediit.*
9. *temptābat.*

10. *vīdisset, intellēxisset.*

55. Nessus moriēns aliquid cruōris suī Dēianīrae dat.

Nessus igitur, sagittā Herculis trānsfīxus, moriēns humī[1] iacēbat[2]; at, [3]nē occāsiōnem suī ulcīscendī dīmitteret, ita locūtus est: "Tū, Dēianīra, verba morientis[4]
5 audī: sī vīs[5] amōrem marītī[6] tuī cōnservāre, aliquid sanguinis hūius, quī ē pectore meō effunditur, sūme āc repōne[7]; tum, sī umquam suspīciō in mentem tuam vēnerit, vestem marītī hōc sanguine īnficiēs[8]." Haec locūtus Nessus [9]animam efflāvit; Dēianīra autem nihil
10 malī suspicāta, imperāta[10] fēcit. Post breve tempus Herculēs bellum contrā Eurytum, rēgem Oechaliae, suscēpit, et, cum rēgem ipsum cum fīliīs interfēcisset, Iolēn, fīliam Eurytī, captīvam redūxit. Antequam tamen domum vēnit, nāvem ad Cēnaeum prōmunturium appulit[11], et,
15 in terram ēgressus, āram cōnstituit ut Iovī sacrificāret. Dum tamen sacrificium parat, Licham comitem suum domum mīsit quī vestem albam referret: mōs enim erat apud antīquōs, dum sacrificia faciēbant, vestem albam gerere. At Dēianīra verita[12] nē Herculēs amōrem ergā
20 Iolēn habēret, vestem, priusquam Lichae dedit, sanguine Nessī īnfēcit.

1. Locative case, *on the ground.*
2. Not *iacēbat.*
3. *lest he should lose the opportunity of avenging himself.*
4. sc. *meī.*
5. From *volō.*
6. *virī, coniugis.*

7. *reconde, servā.*
8. *imbuēs, tingēs.* cf. p. 39, l. 6.
9. *mortuus est.*
10. *mandāta, iūssa.*
11. cf. p. 48, l. 11.
12. Translate as a present participle.

56. Mors Herculis.

Herculēs nihil malī suspicātus, vestem, quam Lichās attulit, statim induit: post tamen breve tempus dolōrem per omnia' membra sēnsit, et quae causa esset ēius reī māgnopere mīrābātur. Dolōre paene exanimātus, vestem 5 dētrahere[1] cōnātus est: illa tamen in corpore haesit[2], neque ūllō modō dīvellī[3] potuit. Tum dēmum Herculēs, quasi furōre impulsus, in montem Oetam [4]sē contulit, et in rogum[5] quem summā celeritāte exstrūxit[6], sē imposuit. Hōc cum fēcisset, eōs quī circumstābant ōrāvit ut rogum 10 quam celerrimē accenderent[7] : omnēs diū recūsābant[8] : tandem tamen pāstor quīdam, ad misericordiam inductus, īgnem subdidit. Tum, dum omnia fūmō[9] obscūrantur, Herculēs, dēnsā nūbe vēlātus[10], ā Iove in Olympum abreptus[11] est. 15

1. *dīvellere.*
2. *adfīxa est.*
3. *dētrahī.*
4. See idioms.
5. *pyram.*
6. *ēdūxit.* Ant. *dēstrūxit,* cf.
Eng. *destruction.*

7. *īnflammārent.*
8. *negābant.*
9. cf. p. 54, l. 1.
10. *tēctus.*
11. *ablātus.*

VIRI ROMAE.

---◆◆◆---

MARCUS ATILIUS REGULUS.

256 B.C.

The events here recorded took place during the First Punic War (264–241 B.C.). Regulus was celebrated not only for his heroism but also for the simplicity and the frugality of his life. Subsequent ages loved to point to him as a typical Roman.

57. Hannō, quasi dē pāce āctūrus, ad Rēgulum vēnit.

Mārcus Rēgulus cum Poenōs māgnā clāde[1] adfēcisset[2], Hannō Carthāginiēnsis ad eum vēnit quasi dē pāce āctūrus, rē vērā ut tempus extraheret[3] dōnec[4] novae cōpiae 5 ex Āfricā advenīrent. Is ubi ad cōnsulem accessit[5], exortus est[6] mīlitum clāmor audītaque vōx, [7]idem huic[8] faciendum esse quod paucīs ante annīs Cornēliō cōnsulī ā Poenīs factum esset. Cornēlius enim velut[9] in conloquium per fraudem ēvocātus ā Poenīs comprehēnsus erat[10] 10 et in vincula coniectus. Iam Hannō timēre incipiēbat,

1. *caedēs, interneciō, calamitās.*

2. *aliquem māgnā clāde adficere* = *aliquem dēvincere.*

3. *prōdūceret, extenderet.*

4. *dum.*

5. *adiit, appropinquāvit.*

6. *coepit, incēpit.*

7. *idem . . . factum esset,* ind. disc. after *vōx audīta est,* which suggests a verb of saying.

8. *to him.*

9. *quasi.*

10. *captus erat.*

sed perīculum astūtō[1] respōnsō āvertit : " [2]Hōc vērō,"
inquit, "sī fēceritis, nihilō eritis Āfrīs meliōrēs."
Cōnsul
tacēre iussit eōs quī pār parī referrī[3] volēbant, et conve-
niēns[4] gravitātī Rōmānae respōnsum dedit : " Istō tē
metū, Hannō, fidēs Rōmāna līberat." Dē pāce, quia 5
neque Poenus sēriō[5] agēbat et cōnsul vīctōriam quam
pācem mālēbat, nōn convēnit.[6]

1. *sagācī, sapiente.*　　　　3. *reddī.*
2. Or. *Sī hōc vērō fēceritis,*　4. *aptum.*
nihilō meliōrēs eritis Āfrīs.　5. Adv. cf. *rē vērā.*
　　　　　　　　　　6. *pactum est.*

**58. Rēgulus deinde in Africam trāiēcit, ubi, trecentīs ca-
stellīs expūgnātīs, ingentem serpentem occīdit.**

Rēgulus deinde in Āfricam prīmus Rōmānōrum ducum 10
trāiēcit. Clypeam urbem et trecenta castella expūgnāvit,
neque cum hominibus tantum[1], sed etiam cum mōnstrīs
dīmicāvit[2]. Nam cum ad flūmen Bagradam castra habēret, anguis[3] mīrā[4] māgnitūdine exercitum Rōmānōrum
vexābat ; multōs mīlitēs ingentī ōre corripuit ; plūrēs 15
caudae[5] verbere[6] ēlīsit[7] ; nōnnūllōs ipsō pestilentis hāli-
tūs[8] adflātū exanimāvit[9]. Neque is tēlōrum īctū perforārī
poterat, dūrissimā[10] squāmārum[11] lōrīcā[12] omnia tēla facile
repellente. Cōnfugiendum fuit ad māchinās advectīsque

1. Adv. *sōlum.*　　　　　7. *frēgit.*
2. *pūgnāvit.*　　　　　　8. *spīritūs.*
3. *serpēns.*　　　　　　9. *animā prīvāvit, necāvit.*
4. *ēgregiā, singulārī.*　　10. *firmissimā.*
5. cf. Eng. *caudal,* and p. 52,　11. *of the scales.*
l. 19.　　　　　　　　　12. *lōrīca est　mūnīmentum*
6. *plāgā, īctū.*　　　　　*corporis.*

ballistīs et catapultīs, velut arx quaedam[1] mūnīta, dēiciendus hostis fuit. Tandem saxōrum pondere oppressus iacuit, sed cruōre suō flūmen corporisque pestiferō[2] adflātū vīcīna loca īnfēcit Rōmānōsque castra inde submovēre
5 coēgit. Corium[3] bēluae[4], centum et vīgintī ꝑedēs longum, Rōmam mīsit Rēgulus.

1. *quīdam* is the nearest approach to the English indefinite article.	3. *pellis.* cf. Eng. *pelt.*
	4. *Bēlua est animal ingēns et formīdābile.*
2. *perniciōsō, exitiōsō.*	

59. Senātus imperium Rēgulī in annum proximum prōrogāvit[1] et alimenta coniugī līberīsque ēius dedit.

Huic ob rēs bene gestās[2] imperium in annum proximum
10 prōrogātum est. Quod ubi cōgnōvit Rēgulus, scrīpsit senātuī vīlicum[3] suum in agellō[4], quem septem iūgerūm[5] habēbat, mortuum esse et servum [6]occāsiōnem nactum aufūgisse ablātō[7] īnstrūmentō rūsticō, ideōque[8] petere sē ut sibi successor in Āfricam mitterētur, nē, dēsertō agrō,
15 nōn esset unde uxor et līberī alerentur. Senātus acceptīs litterīs rēs quās Rēgulus āmīserat pūblicā pecūniā redimī[9] iussit, agellum colendum locāvit[10], alimenta coniugī āc līberīs praebuit[11].

1. *prōdūxit, extendit.*	6. Par. *occāsiōne fōrtuītō inventā.*
2. *factās.*	
3. *vīlicus est praefectus vīllae cui tōta rērum rūsticārum cūra commissa est.*	7. From *ab-ferō.*
	8. *et ob hanc rem.*
	9. *recipī, reddī, repōnī.*
4. *parvō agrō.*	10. *let, lease.*
5. gen. of measure. A *iūgerum* is about ⅔ of an acre.	11. *dedit, trādidit.*

60. Carthāginiēnsēs, dūris pācis condiciōnibus impositīs, ā Lacedaemoniīs auxilium petiērunt.

Rēgulus deinde multīs proeliīs Carthāginiēnsium opēs contudit[1] eōsque pācem petere coēgit. Quam cum Rēgulus nōllet nisi dūrissimīs condiciōnibus dare, ā Lacedae- 5 moniīs illī auxilium petiērunt.

1. Ant. *auxit.*

61. Rēgulus ā Xanthippō victus et captus est.

Lacedaemoniī Xanthippum, virum bellī perītissimum, Carthāginiēnsibus mīsērunt, ā quō Rēgulus victus est ūltimā perniciē; nam duo tantum[1] mīlia hominum ex 10 omnī Rōmānō exercitū refūgērunt et Rēgulus ipse captus et in carcerem coniectus est.

1. *sōlum.*

62. Inde Rōmam dē permūtandīs captīvīs missus est.

Inde Rōmam dē permūtandīs captīvīs missus est datō iūreiūrandō ut, sī nōn impetrāsset[1], redīret ipse Carthāgi- 15 nem. Quī cum Rōmam vēnisset, inductus in senātum mandāta exposuit; [2]sententiam nē dīceret recūsāvit[3]; quam diū iūreiūrandō hostium tenērētur, sē nōn esse senātōrem. Iūssus tamen sententiam dīcere, [4]negāvit esse ūtile captīvōs Poenōs reddī, illōs enim adulēscentēs 20 esse et bonōs ducēs, sē iam cōnfectum[5] senectūte. Cūius

1. *exōrāsset, precibus obtinuisset, perfēcisset.*

2. Translate as if *sententiam dīcere.*

3. *dētrectāvit, nōluit.* The

idea of *saying* in this verb governs the ind. disc. of the following sentence.

4. *dīxit nōn esse.*

5. *dēbilitātum.*

cum valuisset[1] auctōritās, captīvī retentī sunt, ipse, cum retinērētur ā propinquīs et amīcīs, tamen Carthāginem rediit; neque vērō tunc īgnōrābat sē ad crūdēlissimum hostem et ad exquīsīta[2] supplicia[3] proficīscī, sed iūsiūran-
5 dum cōnservandum[4] putāvit.

1. *plūs potuisset, vīcisset.*   3. *poenās.*
2. *eximia, singulāria.*   4. SC. *esse.*

63. Rēgulus Carthāginem revertit et summō suppliciō occīsus est.

Reversum[1] Carthāginiēnsēs omnī cruciātū[2] necāvē-
runt[3]; palpebrīs[4] enim resectīs[5] diū eum in locō tenebri-
10 cōsō[6] tenuērunt; deinde, cum sōl esset ārdentissimus, eum repente ēductum intuērī caelum coēgērunt; postrēmō[7] in ārcam[8] ligneam undique clāvīs[9] praeacūtīs horrentem[10] et tam angustam ut ērēctus perpetuō manēre cōgerētur, eum inclūsērunt. Ita dum fessum[11] corpus, quōcunque inclī-
15 nābat, stimulīs ferreīs cōnfoditur[12], vigiliīs et dolōre con-
tinuō interēmptus est[13]. Hīc fuit Atīlī Rēgulī exitus[14], ipsā vītā clārior et inlūstrior.

1. *Reversum* agrees with *eum* understood, object of *necāvē-runt.*
2. *tormentō, dolōre.*
3. *occīdērunt, interfēcērunt.*
4. *eyelids.*
5. *rescissīs, amputātīs.*
6. *obscūrō, sine lūmine.*
7. *dēnique, tandem, ad extrē-mum.*
8. *cistam.* cf. *ark, chest.*
9. *nails.*
10. *horridam, asperam.*
11. *dēfessum, fatīgātum.*
12. *pungitur, volnerātur.*
13. *necātus est.*
14. *fīnis vītae, mors.*

II.

PUBLIUS CORNELIUS SCIPIO AFRICANUS.

218–183 B.C.

This Scipio, known as Africanus Major to distinguish him from Africanus Minor, the hero of the Third Punic War, was of a noble line of ancestors. He first distinguished himself in 218 B.C., when but sixteen years of age, by saving his father's life in battle. It was his supreme glory to conquer Hannibal and bring the Second Punic War to a successful conclusion.

64. Pueritia Scīpiōnis.

Pūblius Cornēlius Scīpiō, nōndum annōs pueritiae ēgressus patrem singulārī virtūte servāvit; quī cum, pūgnā apud Tīcīnum contrā Hannibalem commissā, graviter volnerātus in hostium manūs iam iam ventūrus esset, fīlius, 5 interiectō corpore, Poenīs inruentibus[1] sē opposuit et patrem perīculō līberāvit.

1. *invādentibus, impetum facientibus.*

65. Aedīlis creātus.

Quae pietās Scīpiōnī posteā aedīlitātem petentī favōrem populī conciliāvit[1]. Cum obsisterent tribūnī plēbis, [2]ne- 10 gantēs ratiōnem ēius esse habendam quod nōndum ad petendum lēgitima aetās esset, " Sī mē," inquit Scīpiō, " omnēs Quirītēs aedīlem facere volunt, satis annōrum habeō." Tantō inde favōre ad suffrāgia[3] itum est ut tribūnī inceptō[4] dēsisterent. 15

1. *attulit, comparāvit.*
2. *saying that he ought not to be considered.*
3. cf. *suffrage.*
4. *cōnsiliō.*

66. Post calamitātem Cannēnsem summa imperī ad eum dēlāta est[1]. Coēgit nōbilēs quōsdam iuvenēs iūrāre ipsōs rem pūblicam nōn dēsertūrōs esse.

Post clādem Cannēnsem Rōmānī exercitūs reliquiae
5 Canusium perfūgerant ; cumque[2] ibi tribūnī mīlitum quattuor essent, tamen omnium cōnsēnsū ad Pūblium Scīpiōnem admodum[3] adulēscentem summa imperī dēlāta est[1].
Quibus cōnsultantibus nūntiat Pūblius Fūrius Philus,
cōnsulāris virī fīlius, nōbilēs quōsdam iuvenēs propter
10 dēspērātiōnem cōnsilium dē Ītaliā dēserendā inīre[4]. Statim in hospitium[5] Metellī, quī coniūrātiōnis erat prīnceps,
sē contulit Scīpiō ; et cum concilium ibi iuvenum, de quibus adlātum erat[6], invēnisset, [7]strictō super capita cōn-
sultantium gladiō, "Iūrāte," inquit, "vōs neque ipsōs
15 rem pūblicam populī Rōmānī dēsertūrōs neque alium
cīvem Rōmānum dēserere passūrōs[8]; quī nōn iūrāverit,
in sē hunc gladium strictum esse sciat." [9]Haud secus
pavidī quam sī vīctōrem Hannibalem cernerent[10], iūrant
omnēs, custōdiendōsque[11] sēmet ipsōs Scīpiōnī trādunt.

1. *tribūta est.*
2. Concessive.
3. *valdē.*
4. *capere.*
5. *domum.*
6. *nūntiātum erat.*

7. *strictō gladiō, drawing his sword.*
8. *permissūrōs, concessūrōs.*
9. Par. *nōn aliter timidī.*
10. *vidērent.*
11. *tuendōs, dēfendendōs.*

20 **67. In Hispāniam Scīpiōnem Rōmānī mittunt.**

Cum Rōmānī duās clādēs[1] in Hispāniā accēpissent
duoque ibi summī imperātōrēs[2] intrā diēs trīgintā cecidis-

1. *damna, calamitātēs.*   2. *ducēs.*

sent[1], placuit[2] exercitum augērī eōque[3] prōcōnsulem mittī ;
·nec tamen quem mitterent, satis cōnstābat[4]. Eā dē rē
[5]indicta sunt comitia. Prīmō[6] populus exspectābat ut,
quī sē tantō dīgnōs imperiō crēderent, nōmina profitē-
rentur[7] ; sed nēmō audēbat illud imperium suscipere. 5
Maesta[8] igitur cīvitās āc [9]prope inops cōnsilī comitiōrum
diē in campum dēscendit. Subitō P. Cornēlius Scīpiō,
quattuor et vīgintī fermē[10] annōs nātus[11], professus [12]sē
petere, in superiōre, unde[13] cōnspicī posset, locō cōnstitit.
In quem postquam omnium ōra conversa sunt, [14]ad ūnum 10
omnēs Scīpiōnem in Hispāniā prōcōnsulem esse iussērunt.
At postquam animōrum impetus resēdit[15], populum Rōmānum coepit[16] factī paenitēre[17] ; aetātī Scīpiōnis māximē
diffīdēbant. Quod ubi animadvertit Scīpiō, advocātā
cōntiōne ita māgnō ēlātōque[18] animō dē bellō quod geren- 15
dum esset disseruit[19] ut hominēs cūrā līberāret spēque
certissimā implēret.

1. *interfectī essent, mortuī es-sent.*

2. *optimum vīsum est.* The subject is the following infinitive clause.

3. *et in illum locum.*

4. Par. *manifēstum erat.*

5. *a general assembly was called.*

6. *at first.*

7. Par. *pūblicē cōnfitērentur.*

8. *trīstis.*

9. Par. *paene sine cōnsiliō.*

10. *paene, prope.*

11. *old.* See idioms.

12. *that he was a candidate.*

13. *ex quō.*

14. Par. *nē unō quidem exceptō.* See idioms.

15. *requiēvit.*

16. *incēpit.* It is used impersonally here.

17. *repent.* Remember that this verb takes the accusative of the person and the genitive of the thing.

18. *altō, excelsō.*

19. *dīxit, locūtus est.*

72   *VIRI ROMAE.*

68. Profectus in Hispāniam, Carthāginem Novam expūgnāvit et clēmentiā in Celtibērōrum principem adulēscentem, eam gentem Rōmānis coniūnxit.

Profectus igitur in Hispāniam Scīpiō Carthāginem
5 Novam, ¹quō diē vēnit, expūgnāvit. ²Eō congestae erant
omnēs paene Āfricae et Hispāniae opēs³, ibi arma, ibi
pecūnia, ibi tōtīus Hispāniae obsidēs erant ; quibus omnibus potītus est⁴ Scīpiō. Inter captīvōs ad eum adducta
est eximiae⁵ fōrmae adulta virgō. Quam ubi comperit⁶
10 inlūstrī locō inter Celtibērōs nātam⁷ prīncipīque ēius gentis
adulēscentī dēspōnsam⁸ esse, arcessītīs⁹ parentibus et
spōnsō¹⁰, eam reddidit. Parentēs virginis, quī ¹¹ad eam
redimendam satis māgnum aurī pondus attulerant, Scīpiōnem ōrābant ut id ā sē dōnum acciperet. Scīpiō aurum
15 ante pedēs pōnī iussit vocātōque ad sē virginis spōnsō,
"Super¹² dōtem¹³," inquit, "quam acceptūrus ā socerō¹⁴
es, haec tibi ā mē dōtālia dōna accēdent¹⁵," aurumque
tollere¹⁶ āc sibi habēre iussit. Ille domum reversus ¹⁷ad
referendam Scīpiōnī grātiam Celtibērōs Rōmānīs concili-
20 āvit.

1. *eō diē quō vēnit.*
2. *in id oppidum.*
3. *dīvitiae, opulentia.*
4. *potior* takes the ablative.
5. *ēgregiae, praestantis.*
6. *invēnit.*
7. *ortam.*
8. *in mātrimōnium prōmis-
sam.*
9. *ad sē vocātīs.*
10. *her betrothed.*

11. *to ransom her.*
12. *in addition to.*
13. *Dōs est id quod datur
puellae quae in mātrimōnium
datur.*
14. *father-in-law.*
15. *addentur.*
16. Par. *dē terrā levāre.*
17. *to requite the favor to
Scipio.* See idioms.

69. Scīpiō Hasdrubalem expellit; captīvōs partim dīmittit partim vēndit. Nārrātiō dē Massivā, captīvō rēgiō.

Deinde Scīpiō Hasdrubalem vīctum ex Hispāniā expulit. Castrīs hostium potītus omnem praedam[1] mīlitibus concessit[2], captīvōs Hispānōs sine pretiō domum dīmīsit; 5 Āfrōs vērō vēndī iussit. Erat inter eōs puer adultus rēgiī generis, fōrmā īnsīgnī[3], quem cum percontārētur[4] Scīpiō quis et cūiās[5] esset, et cūr [6]id aetātis in castrīs fuisset, "Numida sum," inquit puer, "Massīvam populārēs[7] vocant; orbus[8] ā patre relīctus, apud avum māternum, 10 Numidiae rēgem, ēducātus sum. Cum avunculō[9] Masinissā, quī nūper[10] subsidiō Carthāginiēnsibus vēnit, in Hispāniam trāiēcī; prohibitus propter aetātem ā Masinissā numquam ante[11] proelium iniī. Eō diē quō pūgnātum est cum Rōmānīs, īnsciō[12] avunculō, clam[13] armīs 15 equōque sūmptō[14], in aciem exiī; ibi prōlapsō equō captus sum ā Rōmānīs." Scīpiō eum interrogat[15] velletne ad avunculum revertī? Cum effūsīs gaudiō lacrimīs id vērō sē cupere puer dīceret, tum Scīpiō puerō ānulum[16] aureum equumque ōrnātum dōnat datīsque quī tūtō[17] 20 dēdūcerent equitibus[18], dīmīsit.

1. *spolia.*
2. *dedit.*
3. *eximiā.*
4. *interrogāret.*
5. *unde, ex quō locō.*
6. *at that time of life;* see Introduction IV, 16, 4, c.
7. *cīvēs meī.*
8. *sine parentibus.*
9. *maternal uncle.*
10. *lately.*
11. An adverb.
12. *nēsciō, īgnōrante.*
13. *occultē,* ant. *palam.*
14. *captō.*
15. *percontātur.*
16. *ring.*
17. An adverb = *sine perīculō.*
18. abl. abs. with *datīs.*

70. Scīpiō rēgis appellātiōnem per māgnitūdinem animī dēnegat.

Cum Pūblius Cornēlius Scīpiō sē ergā Hispānōs clē-
menter gessisset[1], circumfūsa multitūdō eum rēgem in-
5 gentī[2] cōnsēnsū appellāvit; at Scīpiō silentiō per prae-
cōnem[3] factō, "Nōmen imperātōris," inquit, "quō mē
meī mīlitēs appellārunt, mihi māximum est: rēgium
nōmen, alibī[4] māgnum, Rōmae intolerābile est. Sī id
amplissimum[5] iūdicātis[6] quod rēgāle est, vōbīs licet exi-
10 stimāre rēgālem in mē esse animum; sed ōrō[7] vōs ut ā
rēgis appellātiōne abstineātis." Sēnsēre[8] etiam barbarī
māgnitūdinem animī quā Scīpiō id āspernābātur[9] quod
cēterī mortālēs admīrantur et concupīscunt[10].

1. *sē gerere.* See idioms.	6. *putātis, exīstimātis.*
2. *immēnsō, māximō.*	7. *petō, rogō.*
3. *herald.*	8. *vīdērunt, intellēxērunt.*
4. *aliō in locō.*	9. *rēiciēbat.*
5. *clārissimum.*	10. *vehementer cupiunt.*

71. Scīpiō, receptā Hispāniā, in Āfricam lēgātum cum
15 **dōnīs mīsit quī amīcitiam Syphācis, Maurōrum rēgis,**
conciliāret.

Scīpiō, receptā Hispāniā, cum iam bellum in ipsam Āfricam trānsferre meditārētur, conciliandōs prius rēgum et
gentium animōs exīstimāvit. Syphācem, Maurōrum rē-
20 gem, opulentissimum tōtīus Āfricae rēgem, quem māgnō
ūsuī sibi fore[1] spērāret, prīmum temptāre statuit[2]. Itaque
lēgātum cum dōnīs ad eum mīsit C. Laelium, quōcum
intimā familiāritāte vīvēbat. Syphāx amīcitiam Rōmā-

1. *futūrum esse.*   2. *dēcrēvit.*

nōrum sē accipere adnuit[1] sed fidem nec dare nec accipere nisi cum ipsō cōram[2] duce Rōmānō voluit.

    1. *adsēnsit, adfīrmāvit.*   2. *face to face.*

72. Scīpiō ipse in Āfricam trāiēcit et ibi Hasdrubalem hostem forte invēnit.

Scīpiō igitur in Africam trāiēcit. Forte ita incidit ut eō 5 ipsō tempore Hasdrubal, pulsus ex Hispāniā, ad eundem . portum appelleret[1], Syphācis amīcitiam pariter petītūrus[2]. Uterque ā rēge in hospitiùm invītātus[3]. [4]Cēnātum simul apud rēgem est, eōdem etiam lectō[5] Scīpiō atque Hasdrubal accubuērunt[6]. Tanta autem inerat cōmitās[7] in 10 Scīpiōne ut nōn Syphāceɱ modo sed etiam hostem īnfēstissimum[8] Hasdrubalem sibi conciliāret. Scīpiō [9]foedere īctō cum Syphāce in Hispāniam ad exercitum rediit. .

    1. *admovēret, put in, bring to land;* sc. *nāvem.* cf. p. 48, l. 11.
    2. Expresses purpose.
    3. sc. *est.*
    4. *They dined together with the king.*

    5. *couch.*
    6. *reclined.*
    7. *benīgnitās, adfābilitās.*
    8. *inimīcissimum.*
    9. Par. *amīcitiā cōnfirmātā.*

73. Masinissa, amīcitiam cum Scīpiōne iungere cupiēns, in conloquium cum eō vēnit. Scīpiō eum in societātem 15 recēpit.

Masinissa quoque amīcitiam cum Scīpiōne iungere [1]iam dūdum cupiēbat. Quā rē ad eum trēs Numidārum prīncipēs mīsit ad tempus locumque conloquiō statuendum[2]. Duōs prō obsidibus retinērī ā Scīpiōne iubet; remissō 20

    1. *had long desired.*   2. *praescrībendum, adsīgnandum.*

tertiō quī Masinissam ad locum cōnstitūtum addūceret,
Scīpiō et Masinissa cum paucīs in conloquium vēnērunt.

Cēperat iam ante[1] Numidam ex fāmā[2] rērum gestārum
admīrātiō virī, sed māior praesentis[3] venerātiō cēpit ; erat
5 enim in voltū[4] māiestās summa ; accēdēbat[5] [6]prōmissa
caesariēs habitusque[7] corporis, nōn [8]cultus munditiīs, sed
virīlis vērē āc mīlitāris et flōrēns iuventā. Prope attonitus ipsō congressū Numida [9]grātiās dē fīliō frātris remissō
agit: adfīrmat sē ex eō tempore eam quaesīvisse occā-
10 siōnem, quam tandem oblātam[10] nōn omīserit[11] ; cupere
sē illī et populō Rōmānō [12]operam nāvāre. Laetus eum
Scīpiō audīvit atque in societātem recēpit.

1. An adverb.	7. *fōrma, figūra, speciēs.*
2. *rumōre.*	8. *ōrnātus ēlegantiā.*
3. sc. *virī.*	9. *grātiās . . . agit.* See
4. *faciē.*	idioms.
5. *addēbātur.*	10. *datam.*
6. *long hair.*	11. *praetermīserit.*
12. *auxilium dare.*	

**74. Scīpiō Rōmam rediit et cōnsul factus in Siciliam
prōvinciam suam trāiēcit. Nārrātur quō modō sine
15 pūblicā impēnsā[1] Scīpiō suōs equitēs parāverit.**

Scīpiō deinde Rōmam rediit et [2]ante annōs cōnsul
factus est. Sicilia eī prōvincia dēcrēta est permissum-
que[3] ut in Āfricam inde[4] trāiceret. Quī cum vellet ex
fortissimīs peditibus Rōmānīs trecentōrum equitum nume-
20 rum complēre nec posset illōs subitō armīs et equīs īnstruere[5], id prūdentī cōnsiliō perfēcit. Namque ex omnī

1. cf. *expense.*	3. sc. *est.*
2. sc. *iūstōs.* See idioms.	4. i.e. *ex Siciliā.*
5. *adōrnāre.*	

Siciliā trecentōs iuvenēs nōbilissimōs et dītissimōs, [1]quī
equīs mīlitārent et sēcum in Āfricam trāicerent, lēgit[2]
diemque eīs ēdīxit quā equīs armīsque īnstrūctī[3] atque
ōrnātī adessent. Gravīs[4] ea mīlitia[5], procul domō, terrā
marīque multōs labōrēs, māgna perīcula adlātūra vidē- 5
bātur ; neque ipsōs modo, sed parentēs cōgnātōsque[6]
eōrum ea cūra angēbat[7]. Ubi diēs quae dicta erat advē-
nit, arma equōsque ostendērunt[8], sed [9]omnēs ferē[10] lon-
ginquum et grave bellum horrēre[11] appārēbat.   Tunc
Scīpiō mīlitiam eīs sē remissūrum ait[12], sī arma et equōs 10
mīlitibus Rōmānīs voluissent trādere.   Laetī condiciōnem
accēpērunt iuvenēs Siculī.   Ita Scīpiō sine pūblicā impēnsā suōs īnstrūxit ōrnāvitque equitēs.

1. *to serve as cavalry.*	7. *vexābat, sollicitōs reddēbat.*
2. *ēlēgit.* cf. *elect.*	8. *mōnstrāvērunt.*
3. *parātī.*	9. *omnēs ... horrēre* is sub-
4. acc. plural agreeing with	ject of *appārēbat.*
labōrēs.	10. *paene, prope.*
5. *bellum.*	11. *vehementer timēre.*
6. *coniūnctōs sanguine.*	12. *dīxit.*

**75. Scīpiō ex Siciliā in Āfricam māgnō mīlitum ārdōre
profectus, castra in proximīs tumulīs posuit. Speculā-** 15
**tōrēs hostium in castrīs captōs nōn sōlum sine sup-
pliciō dīmīsit, sed etiam tōtum exercitum ostendit.**

Tunc Scīpiō ex Siciliā in Āfricam ventō secundō profectus est tantō mīlitum ārdōre, ut nōn ad bellum dūcī
vidērentur, sed ad certa vīctōriae praemia.   Celeriter 20
nāvēs ē cōnspectū Siciliae ablātae sunt [1]cōnspectaque brevī

1. Or. *et brevī (tempore) Āfricae lītora cōnspecta (sunt).*

tempore Āfricae litora. Scīpiō cum ēgrediēns[1] ad terram ē
nāvī prōlapsus esset[2] et ob hōc attonitōs[3] mīlitēs cerneret,
id quod trepidātiōnem adferēbat in hortātiōnem conver-
tēns, "Āfricam oppressī[4]," inquit[5], "mīlitēs!" [6]Expositīs
5 cōpiīs in proximīs tumulīs castra mētātus est[7]. Ibi spe-
culātōrēs hostium in castrīs dēprehēnsōs et ad sē per-
ductōs nec suppliciō affēcit nec dē cōnsiliīs āc vīribus[8]
Poenōrum percontātus est[9], sed [10]circā omnēs Rōmānī
exercitūs manipulōs cūrāvit dēdūcendōs; deinde interro-
10 gātōs num[11] ea satis cōnsīderāssent quae speculārī[12] erant
iūssī, prandiō[13] datō incolumēs[14] dīmīsit.

1. *exiēns.*	7. *posuit.*
2. *cecidisset.*	8. *cōpiīs.*
3. *metū permōtōs.*	9. *interrogāvit.*
4. A pun: the word being	10. Par. *dedit mandāta ut*
used in the sense of '*press*	*circā tōtum Rōmānum exercitum*
against or *upon*' or of '*conquer*,	*dēdūcerentur.*
or *subdue.*'	11. *whether.*
5. *dīxit, ait.*	12. *īnspicere, explōrāre.*
6. Par. *cōpiīs ē nāvibus dī-*	13. *cibō.*
missīs.	14. *salvōs, integrōs.*

**76. Masinissa sē Scīpiōnī coniūnxit, sed Syphāx, quī ad
Poenōs dēfēcerat, victus Rōmam missus est.**

Scīpiōnī in Āfricam advenientī Masinissa sē coniūnxit
15 cum parvā equitum turmā[1]. Syphāx vērō ā Rōmānīs ad
Poenōs dēfēcerat. Hasdrubal, Poenōrum dux, Syphāx-
que Scīpiōnī sē opposuērunt, quī utrīusque castra ūnā
nocte perrūpit[2] et incendit. Syphāx ipse captus et vīvus

    1. *manū.*   2. *penetrāvit, vī ingressus est.*

ad Scīpiōnem pertractus est[1]. [2]Syphācem in castra addūcī cum esset nūntiātum, omnis velut ad spectāculum
triumphī multitūdō effūsa est ; praecēdēbat ipse vinctus[3],
sequēbātur grex[4] nōbilium Maurōrum. [5]Movēbat omnēs
fortūna virī cūius amīcitiam ōlim Scīpiō petierat. Rēgem 5
aliōsque captīvōs Rōmam mīsit Scīpiō; Masinissam quī
ēgregiē[6] rem Rōmānam adiūverat[7] aureā corōnā dōnāvit.

1. *dēductus est.*	4. *multitūdō.*
2. Or. *cum nūntiātum esset*	5. Or. *fortūna virī cūius ami-*
Syphācem in castra addūcī, om-	*citiam Scīpiō ōlim petierat, omnēs*
nis multitūdō, etc.	*movēbat.*
3. *in vinculīs.*	6. *eximiē, excellenter.*

7. *auxilium dederat,* with the dative.

**77. Hannibal ex Ītaliā ad dēfendendam patriam revo-
cātur.**

Haec et aliae quae sequēbantur clādēs[1], Carthāginiēn- 10
sibus tantum terrōris intulērunt ut Hannibalem ex Ītaliā
ad tuendam patriam revocārent. [2]Frendēns gemēnsque
āc vix lacrimīs temperāns[3] is dicitur lēgātōrum verba
audīsse mandātīsque pāruisse[4]. Respēxit saepe Ītaliae
litora, sēmet accūsāns quod nōn victōrem exercitum sta- 15
tim ab Cannēnsī pūgnā Rōmam dūxisset.

1. *calamitātēs.*	3. *abstinēns, parcēns.*
2. *gnashing his teeth and*	4. *to have obeyed,* with the
groaning.	dative.

**78. Hannibal et Scīpiō ad conloquium conveniunt, sed
pāce nōn factā pūgnātum est et Hannibal victus fūgit.**

Zamam vēnerat Hannibal, quae urbs quīnque diērum
iter ā Carthāgine abest, et nūntium ad Scīpiōnem mīsit 20

ut conloquendī sēcum potestātem faceret. Scīpiō cum
conloquium haud abnuisset[1], diēs locusque cōnstituitur.
Itaque congressī sunt[2] duo clārissimī suae aetātis[3] ducēs.
Stetērunt [4]aliquam diū tacitī mūtuāque admīrātiōne dēfīxī.
5 Cum vērō de condiciōnibus pācis [5]inter eōs nōn convēnisset, ad suōs [6]sē recēpērunt renūntiantēs[7] armīs dēcernen-
dum[8] esse. Commissō deinde proeliō, Hannibal vīctus
cum quattuor equitibus fūgit. [9]Cēterum cōnstat utrum-
que dē alterō cōnfessum esse [10]nec melius īnstruī aciem
10 nec ācrius potuisse pūgnārī.

1. *rēiēcisset, recūsāvisset.*	8. *dēcīdendum, dēpūgnandum.*
2. *convēnērunt.*	9. Par. *sed firma opīniō om-*
3. *temporis, saeculī.*	*nium est.*
4. *for some time.*	10. *that the battle-line could*
5. *nōn cōnsēnsissent.*	*not have been better arranged*
6. *revertērunt, rediērunt.*	*nor the battle more bravely fought.*
7. *referentēs, dēclārantēs.*	

**79. Scīpiō vīctīs Carthāginiēnsibus lēgēs imposuit et
Rōmam revertit ubi Āfricānus ab grātulantibus cīvibus
appellātus est.**

Carthāginiēnsēs metū perculsī[1] ad petendam pācem
15 ōrātōrēs[2] mittunt, trīgintā cīvitātis prīncipēs. Quī ubi
in castra Rōmāna vēnērunt, veniam[3] cīvitātī petēbant,
nōn culpam pūrgantēs[4] sed initium culpae in Hannibalem
trānsferentēs. Vīctīs lēgēs imposuit Scīpiō. Lēgātī, cum
nūllās condiciōnēs recūsārent[5], Rōmam profectī sunt, ut,
20 quae ā Scīpiōne pacta essent[6], ea patrum āc populī auctō-

1. *impulsī, permōtī.*	4. *excūsantēs.*
2. *lēgātōs.*	5. *rēicerent.*
3. *remissiōnem.*	6. *cōnstitūta essent.*

rītāte cōnfirmārentur. Ita pāce terrā marīque partā[1] Scīpiō exercitū in nāvēs impositō Rōmam revertit. Ad
quem advenientem concursus ingēns[2] factus est: effūsa
nōn ex urbibus modo, sed etiam ex agrīs multitūdō viam
obsidēbat[3]. Scīpiō inter grātulantium plausūs triumphō 5
omnium clārissimō [4]urbem est invectus [5]prīmusque nōmine vīctae ā sē gentis est nōbilitātus Āfricānusque
appellātus.

1. *factā.*
2. *immēnsus.*
3. *occupābat.*
4. Par. *in urbem ductus est.*

5. *prīmusque . . . nōbilitātus,*
and he was the first to be made
famous.

**80. Opiniō populī dē Scīpiōne quae cōnfirmāta dictīs
ēius factīsque est.** 10

Ex hīs rēbus gestīs[1] virum eum esse virtūtis dīvīnae
volgō[2] crēditum est. [3]Id etiam dīcere haud piget quod
scrīptōrēs dē eō litterīs mandāvērunt[4], Scīpiōnem cōnsuē-
visse[5], [6]priusquam dīlūcēsceret, in Capitōlium ventitāre[7]
āc iubēre aperīrī cellam Iovis atque ibi sōlum diū dēmo- 15
rārī[8], quasi cōnsultantem dē rē pūblicā cum Iove: aedi-
tuōsque[9] ēius templī saepe esse mīrātōs, quod eum [10]id
temporis in Capitōlium ingredientem canēs, semper in
aliōs saevientēs[11], nōn lātrārent[12]. [13]Hās volgī dē Scī-

1. *tractīs, āctīs.*
2. Adv. = *ab omnibus.*
3. *I am not reluctant to tell
this too.*
4. *trādidērunt.*
5. *cōnsuētūdinem habuisse.*
6. *ante lūcem.*
7. *frequenter venīre.*
8. *manēre.*

9. *custōdēs.*
10. *eō tempore.*
11. *furentēs.*
12. *bark.*
13. Or. *dicta factaquè ēius
plēraque admīranda vidēbantur
cōnfirmāre atque approbāre hās
opīniōnēs volgī dē Scīpiōne.*

piōne opīniōnēs cōnfirmāre atque approbāre vidēbantur
dicta factaque ēius plēraque admīranda, ex quibus est
ūnum hūiuscemodi[1] : assidēbat[2] oppūgnābatque oppidum in Hispāniā, sitū moenibusque āc dēfēnsōribus
5 validum et mūnītum, rē etiam cibāriā[3] cōpiōsum, neque
ūlla ēius potiendī[4] spēs erat.   Quōdam diē iūs[5] in castrīs sedēns dīcēbat Scīpiō atque ex eō locō id oppidum
procul vidēbātur.   Tum ē mīlitibus quī in iūre apud eum
stābant, interrogāvit quispiam[6] ex mōre in quem diem
10 locumque [7]vadēs sistī iubēret.   Et Scīpiō manum ad
ipsam oppidī quod obsidēbātur arcem prōtendēns,
" Perendiē[8]," inquit, "sēsē sistant illō in locō" atque
ita factum[9].   Diē tertiā in quam vadēs sistī iusserat,
oppidum captum est.   Eōdem diē in arce ēius oppidī
15 iūs dīxit.

1. *as follows.*
2. *obsidēbat.*
3. *frūmentāriā.*
4. *capiendī.*
5. Object of *dīcēbat,* tr. *was pronouncing judgment.*

6. *quīdam,* subject of *inter-rogāvit,* connect with *ē mīlitibus.*
7. *he ordered the securities to appear.*
8. *diē tertiā.*
9. sc. *est.*

81.   Hannibal vīctus ad Antiochum Syriae rēgem cōnfū-git ubi cum Scīpiōne conlocūtus est.

Hannibal ā Scīpiōne vīctus suīsque invīsus[1] ad Antiochum Syriae rēgem cōnfūgit eumque hostem Rōmānīs
20 fēcit.   Missī sunt Rōmā lēgātī ad Antiochum, in quibus
erat Scīpiō Āfricānus ; quī, cum Hannibale Ephesī[2] conlocūtus, ab eō quaesīvit quem fuisse māximum imperātōrem crēderet.   Respondit Hannibal Alexandrum Mace-

1. *odiōsus.*   2. Locative.

donum rēgem māximum sibi vidērī, quod parvā manū innumerābilēs exercitūs fūdisset[1]. Quaerentī deinde quem secundum pōneret, "Pyrrhum," inquit, "quod prīmus [2]castra mētārī docuit nēmōque illō ēlegantius loca cēpit et praesidia disposuit." Scīscitantī[3] dēnique quem tertium dūceret[4], sēmet ipsum dīxit. Tum rīdēns Scīpiō, [5]"Quidnam tū dicerēs," inquit, "sī mē vīcissēs?" Tūm mē[6] vērō," respondit Hannibal, "et ante Alexandrum et ante Pyrrhum et ante omnēs aliōs imperātōrēs posuissem." Ita imprōvīsō adsentātiōnis[7] genere Scīpiōnem ē grege imperātōrum velut inaestimābilem sēcernēbat[8].

1. *dīspersisset.*	5. *What in the world would*
2. *līmitēs castrōrum statuere.*	*you have said?*
3. *quaerentī.*	6. Obj. of *posuissem.*
4. *putāret, habēret.*	7. *flattery.*

8. *sēparābat, dīvidēbat.*

82. Scīpiō imperātor, nōn bellātor.[1]

Scīpiō ipse fertur[2] quondam dīxisse, cum eum quīdam parum pūgnācem dīcerent, "Imperātōrem mē māter, nōn bellātōrem peperit[3]". Īdem dīcere solitus est, nōn sōlum dandam esse viam fugientibus, sed etiam mūniendam[4].

1. *aptus bellō.*	3. *creāvit, genuit.*
2. *dīcitur.*	4. *faciendam.*

83. Scīpiō, lēgātus Lūcī frātris, in Asiam profectus est.

Dēcrētō adversus Antiochum bellō cum Syria prōvincia obvēnisset[1] Lūciō Scīpiōnī, [2]quia parum in eō putābātur

1. *had fallen to the lot.*
2. Or. *quia parum animī putābātur in eō esse.*

esse animī, parum rōboris, senātus gerendī hūius belli
cūram mandārī[1] volēbat conlēgae ēius C. Laeliō. Surgēns
tunc Scīpiō Āfricānus, frāter māior[2] Lūcī Scīpiōnis, illam
familiae īgnōminiam dēprecātus est : dīxit in frātre suō
5 summam esse virtūtem, summum cōnsilium[3], sēque eī
lēgātum fore prōmīsit. Quod cum ab eō esset dictum,
nihil est dē Lūcī Scīpiōnis prōvinciā commūtātum: itaque
frāter nātū māior minōrī lēgātus in Asiam profectus est
et tam diū eum cōnsiliō operāque adiūvit[4], dōnec trium-
10 phum ille et cōgnōmen Asiāticī peperisset[5].

1. *darī.*	3. *prūdentiam.*
2. sc. *nātū.*	4. *auxilium dedit.*
	5. *comparāvisset.*

**84. Antiochus fīlium Pūblī Scīpiōnis cēpit sed incolumem
eum remīsit.**

Eōdem bellō fīlius Scīpiōnis Āfricānī captus est et ad
Antiochum dēductus. Benīgnē et līberāliter adulēscen-
15 tem rēx habuit[1], quamquam ab ēius patre [2]tum māximē
fīnibus imperī pellēbātur. Cum deinde pācem Antiochus
ā Rōmānīs peteret, lēgātus ēius Pūblium Scīpiōnem adiit
eīque fīlium sine pretiō redditūrum rēgem dīxit, sī per eum
pācem impetrāsset[3]. Cui Scīpiō respondit, " Abī, nūntiā
20 rēgī, mē prō tantō mūnere[4] [5]grātiās agere ; sed nunc
aliam grātiam[6] nōn possum referre quam ut eī suādeam[7]
ut bellō absistat et pācis condiciōnem nūllam recūset."
Pāx nōn convēnit ; tamen Antiochus Scīpiōnī fīlium

1. *tractāvit.*	5. See idioms.
2. *just at that time.*	6. *grātiam referre.* See idi-
3. *obtinuisset.*	oms.
4. *dōnō.*	7. *horter, moneam.*

remīsit tantīque virī māiestātem venerārī[1] quam dolōrem suum ulcīscī māluit[2].

1. *colere.*   2. *wished rather.*

85. Victō Antiochō Scīpiō, indīgnātus quod dē praedā quaeritur et sua innocentia in dubium vocātur, ratiōnum[1] librum dīripuit et senātum adlocūtus est. 5

Victō Antiochō cum praedae ratiō ā L. Scīpiōne repōscerētur[2], Āfricānus prōlātum ab eō librum, [3]quō acceptae et expēnsae summae continēbantur et refellī[4] inimīcōrum accūsātiō poterat, discerpsit, indīgnātus dē eā rē dubitārī[5] quae sub ipsō lēgātō administrāta esset. Quin etiam 10 [6]hunc in modum verba fēcit : "[7]Nōn est quod quaerātis, patrēs cōnscrīptī, num parvam pecūniam in aerārium rettulerim, quī anteā illud Pūnicō aurō replēverim, neque mea innocentia potest in dubium vocārī. Cum Āfricam tōtam potestātī vestrae subiēcerim, nihil ex eā praeter 15 cōgnōmen rettulī. Nōn igitur mē Pūnicae[8], nōn frātrem meum Asiāticae gazae[9] avārum reddidērunt ; sed uterque nostrūm invidiā quam pecūniā est locuplētior[10]." Tam cōnstantem[11] dēfēnsiōnem Scīpiōnis ūniversus senātus comprobāvit.   20

1. *of accounts.*
2. *repeterētur.*
3. *in which the sums received and expended were entered and by which . . .*
4. *refūtārī.*
5. Used impersonally.
6. *ita dīxit.*
7. *You have no reason to ask.*
8. sc. *gazae avārum reddidērunt.*
9. *dīvitiae.*
10. *dīvitior.*
11. *firmam.*

86. Deinde tribūnī plēbis fraude Scīpiōnem accūsāvērunt, sed ille causam nōn dīxit et ab urbe in Līternīnum concessit.

Deinde Scīpiōnī Āfricānō duo tribūnī plēbis [1]diem
5 dīxērunt, quod praedā ex Antiochō captā aerārium frau-
dāsset. Ubi causae dīcendae[2] diēs vēnit, Scīpiō māgnā
hominum frequentiā in Forum est dēductus. Iūssus causam dīcere rōstra cōnscendit et corōnā triumphālī capitī
suō impositā, " Hōc ego diē," inquit, " Hannibalem Poe-
10 num, imperiō nostrō inimīcissimum, māgnō proeliō vīcī
in terrā Āfricā pācemque nōbīs et vīctōriam peperī[3] īnspē-
rābilem. Nē igitur sīmus adversus deōs ingrātī, sed [4]cēn-
seō relinquāmus nebulōnēs hōs eāmusque nunc prōtinus
in Capitōlium Iovī optimō māximō supplicātum[5]." Ā
15 rōstrīs in Capitōlium ascendit; simul[6] sē ūniversa cōn-
tiō[7] ab accūsātōribus āvertit et secūta Scīpiōnem est, nec
quisquam praeter [8]praecōnem quī reum citābat, cum tri-
būnīs remānsit. Celebrātior is diēs favōre hominum fuit
[9]quam quō triumphāns dē Syphāce rēge et Carthāginiēn-
20 sibus urbem est ingressus. Inde, nē amplius tribūniciīs
iniūriīs vēxārētur, in Līternīnum concessit, ubi reliquam
ēgit aetātem[10] sine urbis dēsīderiō[11].

1. *diem cōnstituērunt*, i.e. for
the trial.

2. *dēfendendae*.

3. *comparāvī*.

4. Par. *moneō ut hōs fallācēs hominēs relinquāmus*.

5. Supine expressing purpose.

6. *eōdem tempore*.

7. *conventus*.

8. *the herald who summoned the accused*.

9. *than the one on which*.

10. *tempus vītae*.

11. *longing*.

87. Complūrēs praedōnum ducēs convenērunt ut Scīpi-ōnem vidērent. Mortuus est Scīpiō.

Cum in Līterninā vīllā ¹sē continēret, complūrēs prae-dōnum ducēs ad eum videndum forte cōnflūxērunt. Quōs cum ad vim² faciendam venīre exīstimāsset, praesidium³ 5 servōrum in tēctō⁴ conlocāvit aliaque parābat quae ad eōs repellendōs opus⁵ erant. Quod ubi praedōnēs ani-madvertērunt, abiectīs armīs iānuae appropinquant et clārā vōce nūntiant Scīpiōnī sē⁶ nōn vītae ēius hostēs, sed virtūtis admīrātōrēs vēnisse, cōnspectum tantī virī, 10 quasi caeleste aliquod beneficium, expetentēs⁷ ; ⁸proinde nē gravārētur sē spectandum praebēre. Haec postquam audīvit Scīpiō ⁹forēs reserārī eōsque intrōdūcī iussit. Illī postēs iānuae tanquam religiōsissimam āram vene-rātī, cupidē Scīpiōnis dextram apprehendērunt¹⁰ āc diū 15 deōsculātī sunt¹¹ ; deinde positīs ante vestibulum dōnīs, laetī ¹²quod sibi Scīpiōnem ut vidērent contigisset¹³, domum revertērunt. Paulō post mortuus est Scīpiō moriēnsque ab uxōre petiit nē corpus suum Rōmam referrētur. 20

1. *aetātem ageret, vīveret.*
2. *iniūriam.*
3. *custōdēs.*
4. *domō.*
5. *necessāria.*
6. Subject of *vēnisse.*
7. *cupientēs.*
8. Par. *itaque nē molestē ferret*

sē exhibēre or *sē ad spectāculum dare.*
9. *iānuās aperīrī.*
10. *cēpērunt.*
11. *kissed.*
12. Or. *quod sibi contigisset ut Scīpiōnem vidērent.*
13. *ēvēnisset.*

III.

MARCUS PORCIUS CATO.

234-149 B.C.

Cato is one of the best-known and most striking figures of Roman history, being famous as a soldier, as a civil magistrate, and as a writer. In every respect he was a typical Roman of the old days. As a soldier he won renown in the Second Punic War. His hostility to Carthage was unrelenting and has become proverbial. He distinguished himself in civil affairs, especially by his censorship. He stood for all that was simple, frugal, and virtuous against the growing luxury and corruption of the time, and administered his office so rigorously that the name of Censor has clung to him to this day. Cato wrote on history and agriculture, and is among the earliest writers of Latin prose.

88. Adulēscentia Catōnis et sua frūgālitās temperantiaque.

Mārcus Porcius Catō, ortus[1] mūnicipiō[2] Tusculō, adu-
lēscentulus, priusquam honōribus [3]operam daret, rūrī in
praediīs[4] paternīs versātus est[5], deinde Rōmam dēmigrā-
5 vit et in Forō esse coepit. [6]Prīmum stīpendium meruit
[7]annōrum decem septemque, Quīntō Fabiō, M. Claudiō
cōnsulibus. Castra secūtus est C. Claudī N̄erōnis ēiusque opera māgnī[8] aestimāta in proeliō apud Sēnam, quō
cecidit Hasdrubal, frāter Hannibalis. Ab adulēscentiā
10 frūgālitātem temperantiamque coluit. [9]Pellibus haedīnīs
prō strāgulīs ūtēbātur, eōdem cibō quō mīlitēs vēscēbātur;

1. *nātus.*

2. *oppidō.*

3. *cūrāret, attenderet.* See
idioms.

4. *agrīs.*

5. *mānsit, fuit.*

6. *He served his first cam-
paign in his seventeenth year.*

7. *annōrum*, etc., is gen. of
description modifying the understood subject of *meruit.*

8. gen. of value, cf. Introduction IV, 16, 2, c.

9. *He used kid skins for cover-
ings.*

cum in castris erat, aquam, si ¹nimiō aestū torquērētur, acētum², sī vīrēs dēficerent, paululum vīnī sūmēbat³.

1. Par. *māximō calōre vexārētur.* 2. *vinegar.* 3. *capiēbat, bibēbat.*

89. Catō quaestor Scīpiōnī Āfricānō quī lūxuriae aman-tissimus fuit, cum eō inimīcē vīxit et Rōmae renūntiāvit rēs male apud exercitum Scīpiōnis sē habēre, quod cri- 5 **men Scīpiō facile refūtāvit.**

Quaestor Scīpiōnī Āfricānō obtigit¹ et cum eō parum amīcē vīxit ; nam parsimōniae amāns, sūmptūs² quōs Scīpiō faciēbat haud probābat. Quā rē eō relictō Rō-mam rediit ibique Scīpiōnis vītam palam³ et acerbē repre- 10 hendit, quasi⁴ eō duce solverētur⁵ disciplīna mīlitāris. Dictitābat⁶ illum ⁷cum palliō et crepidīs solitum ambulāre in Gymnasiō, libellīs⁸ eum palaestraeque operam dare, mīlitum licentiae indulgēre. Quod crīmen nōn verbō, sed factō dīluit⁹ Scīpiō. Nam cum eā dē rē lēgātī Rōmā 15 Syrācūsās missī essent, Scīpiō exercitum omnem eō¹⁰ con-venīre et classem expedīrī¹¹ iussit, tamquam dīmicandum¹² eō diē terrā marīque cum Carthāginiēnsibus esset; postrī-diē lēgātīs īnspectantibus pūgnae simulācrum¹³ ēdidit. Tum eīs armāmentāria, horrea¹⁴, omnemque bellī apparā- 20 tum ostendit. Reversī Rōmam lēgātī omnia apud exer-citum Scīpiōnis praeclārē¹⁵ sē habēre renūntiārunt.

1. *fell to the lot of.*
2. *expenditures.*
3. *apertē, nōn occultē.*
4. *on the ground that.*
5. *laxārētur.*
6. Intensive of *dīcō.*
7. *in a pallium* (a Grecian mantle) *and Grecian shoes.*
8. *parvīs librīs.*
9. *pūrgāvit, refellit.*
10. *in eum locum.*
11. *parārī.*
12. *pūgnandum.*
13. *imāginem.*
14. *granaries.*
15. *ēgregiē, optimē,* see idioms.

90. Asperitās Catōnis in lūxum mātrōnārum.

Eādem asperitāte Catō mātrōnārum lūxum īnsectātus est[1]. Namque in mediō ārdōre bellī Pūnicī Oppius, tribūnus plēbis, lēgem tulerat[2] quā mulierēs[3] Rōmānae 5 plūs sēmūnciam[4] aurī habēre, vestimentō versicolōrī ūtī, iūnctō[5] vehiculō in urbe vehī vetābantur. Cōnfectō[6] autem bellō et flōrente rē pūblicā, mātrōnae ut prīstinus[7] ōrnātus sibi redderētur postulābant ; omnēs viās urbis obsidēbant virōsque ad Forum dēscendentēs ōrābant 10 ut lēgem Oppiam abrogārent. Quibus ācerrimā ōrātiōne restitit Catō, sed frūstrā, nam lēx est abrogāta.

1. *persecūtus est.*
2. *prōposuerat.*
3. Subject of *vetābantur.*
4. *a half-ounce.*
5. sc. *equīs.*
6. *fīnītō.*
7. *antīquus.*

91. Catō cōnsul in Hispāniam profectus est. Victor Rōmam reversus dē Hispāniā triumphāvit.

Catō, creātus cōnsul, in Hispāniam adversus Celtibērōs 15 profectus eōs ācrī proeliō victōs ad dēditiōnem compulit. Eō in bellō cum ūltimīs[1] mīlitum parsimōniā, vigiliīs, labōre certābat[2] nec in quemquam gravius sevēriusque imperium exercēbat quam in [3]sēmet ipsum. Cum Hispā- nōs ad dēfectiōnem prōnōs[4] vīdisset, [5]cavendum iūdicāvit 20 nē possent rebellāre. Id autem effectūrus sibi vidēbātur, sī eōrum mūrōs dīruisset[6]. Sed veritus nē, sī id ūniversīs

1. *lowest, humblest.*
2. *cum ūltimīs certābat = ūlti- mōs superāre cōnābātur.*
3. Emphatic form of *sē.*
4. *inclīnātōs, prōclīvēs.*
5. Par. *putāvit prōspiciendum esse.*
6. *ēvertisset.*

cīvitātibus imperāsset commūnī ēdictō, nōn obtemperā-
rent¹, scrīpsit singulīs ut dīruerent mūnīmenta², minātus³
bellum nisi cōnfēstim⁴ obtemperāssent, epistulāsque ūniversīs cīvitātibus eōdem diē reddī iussit.   Cum ūna
quaeque⁵ sibi⁶ sōlī imperārī putāret, ūniversae pāruērunt. 5
Catō Rōmam reversus dē Hispāniā triumphāvit.

1. *pārērent, dictō audīrent.*   5. sc. *cīvitās.*
2. *moenia.* ˙   6. dat. after *imperārī* used
3. *threatening.*   impersonally.
4. *mox, statim, sine morā.*

92.   Disciplīnae mīlitāris exemplum.

Disciplīnam mīlitārem summā servābat sevēritāte.   Ab
hostīlī quondam lītore, in quō per aliquot diēs mānserat,
cum ter datō profectiōnis sīgnō classem¹ solvisset² et 10
³relictus ē mīlitibus quīdam ā terrā vōce et gestū ⁴expo-
stulāret utī tollerētur, circumāctā ad lītus ūniversā classe,
comprehēnsum suppliciō adficī iussit et quem ⁵occīsūrī ⁶per
īgnōminiam hostēs fuerant, exemplō potius impendit⁷.

1. *nāvēs.*   *versā classe ad lītus circumāctā,*
2. *loosed,* cf. 30, n. 4.   *eum comprehendī et suppliciō ad-*
3. Or. *quīdam ē mīlitibus re-*   *ficī iussit.*
lictus.   5. *occīsūrī . . . fuerant =*
4. Par. and or. *vehementer*   *would have killed.*
postulāret ut auferrētur, ūni-   6. *īgnōminiōsē.*
                      7. *he used.*

**93.   Cēnsor deinde factus Catō plūrimōs nōbilēs sevērē 15
pūnīvit inter quōs Lūcius Flāmīninus, vir cōnsulāris, fuit.**

Cēnsor deinde factus sevērē eī praefuit potestātī.   Nam
cum¹ in complūrēs nōbilēs animadvertit tum¹ imprīmīs²

1. *nōn sōlum . . . sed etiam.*   2. *praesertim, māximē.*

Lūcium Flāminīnum, virum cōnsulārem, senātū mōvit.
Cui inter cētera facinora[1] illud obiēcit. Cum esset in
Galliā Flāminīnus, mulierem fāmōsam[2] ad cēnam vocāvit[3]
eīque forte inter cēnandum[4] dīxit multōs [5]capitis damnā-
5 tōs in vinculis esse quōs secūrī[6] percussūrus esset[7]. Tum
illa negāvit sē umquam vīdisse quemquam secūrī ferien-
tem et pervelle[8] id vidēre. Statim Flāminīnus ūnum ex
illīs miserīs addūcī iussit et ipse secūrī percussit[9]. Quid
atrōcius quam inter pōcula[10] et epulās ad spectāculum[11]
10 mulieris hūmānam victimam mactāre[12] et mēnsam cruōre
respergere? Eō magis autem, illum pūniendum putāvit
Catō, quod amplissimī honōris māiestātem tam taetrō[13]
facinore inquināverat[14].

1. *scelera.*	8. *valdē velle.*
2. *īnfāmem, malam.*	9. sc. *eum.*
3. *invītāvit.*	10. *cups.*
4. *epulandum.*	11. *entertainment.*
5. *ad mortem condemnātos.*	12. *occīdere, interficere.*
6. *axe.*	13. *foedō, turpī, horridō.*
7. *caesūrus esset.*	14. *polluerat.*

94.   Catō patrēs addūxit ut bellum Carthāginiēnsibus
15   **indīcerent.**

Cum in senātū dē tertiō Pūnicō bellō agerētur[1], Catō
iam senex dēlendam[2] Carthāginem cēnsuit negāvitque eā
stante salvam esse posse rem pūblicam. Quod[3] cum,
contrādīcente Scīpiōne Nāsīcā, nōn facile patribus per-
20 suādēret, posteā, quidquid in senātū cōnsultābātur, Catō
adiciēbat[4], "Ego cēnseō Carthāginem esse dēlendam."

1. *dēlīberārētur.*	3. Direct obj. of *persuādēret.*
2. sc. *esse.*	4. *addēbat.*

Tandem attulit quōdam diē in cūriam ¹praecocem fīcum
ostendēnsque patribus, "Interrogō vōs," inquit, "quandō
hanc fīcum dēmptam² putētis ex arbore?" Cum omnēs
recentem esse dīcerent, "³Atquī tertium," inquit, "ante
diem scītōte dēcerptam esse Carthāgine; tam prope ā   5
mūrīs habēmus hostem." Mōvit ea rēs patrum animōs et
bellum Carthāginiēnsibus indictum est.

1. *an early fig.*   3. *"But yet,"* said he, *"be*
2. *dētractam, dēcerptam,* sc. *assured that it was picked day*
esse.   *before yesterday at Carthage."*

**95. Catō fuit optimus pater et ipse in omnibus rēbus
fīlium īnstituit.**

Fuit Catō ut senātor ēgregius ita bonus pater. Cum   10
eī nātus esset fīlius, nūllīs negōtiīs nisi pūblicīs impediē-
bātur ¹quō minus mātrī adesset īnfantem abluentī² et
fasciīs³ involventī. Ubi aliquid intellegere potuit puer,
eum pater ipse in litterīs īnstituit⁴, etsī idōneum⁵ et ēru-
ditum domī servum habēbat. Nōlēbat enim servum fīliō   15
maledīcere vel aurem vellicāre⁶, sī tardior in discendō
esset; neque⁷ fīlium tantī beneficī, id est doctrīnae, dēbi-
tōrem esse servō. Itaque ipse ēius lūdī⁸ magister, ipse
lēgum doctor, ipse lanista⁹ fuit. Cōnscrīpsit manū suā
grandibus litterīs historiās, ut etiam in paternā domō   20

1. Tr. freely *from being pres-* 4. *ērudīvit, docuit, ēducāvit.*
ent when the mother, etc.; but 5. *aptum.*
what literally?   6. *to pull.*
 2. cf. *ablution.*   7. *et nōn volēbat.*
 3. *swaddling-clothes.*   8. *scholae.*
      9. *athletic trainer.*

ante oculōs prōposita habēret[1] veterum[2] īnstitūta et exempla.

1. sc. *fīlius.*   2. *antīquōrum hominum.*

96. Dēlectātiōnēs agricultūrae Catō malēbat quam omnēs aliās rēs.

5   Agricultūrā plūrimum[1] dēlectābātur Catō mālēbatque agrōrum et pecorum frūctū quam [2]faenore dītēscere. Ā quō cum quaererētur quid māximē in rē familiārī expedīret[3], respondit, "[4]Bene pāscere." Quid secundum[5]? "Satis bene pāscere." Quid tertium[6]? "Male pāscere." 10 Quid quartum[5]? "Arāre[6]." Et cum ille, quī quaesierat, dīxisset, "Quid faenerārī[5]?" tum Catō "Quid[5]," inquit, "hominem occīdere?"

1. *māximē.*   4. Par. *bonōs gregēs et pecora*
2. *to become rich by usury.*   *alere* or *nūtrīre.*
3. *was profitable.*   5. sc. *expedīret.*
6. *to till the soil.*

97. Dē mōribus Catōnis.

Scrīpsit ipse vīllās suās nē tēctōriō[1] quidem esse prae- 15 litās[2] atque addidit, "Neque mihi aedificātiō[3] neque vās[4] neque vestīmentem ūllum est pretiōsum ; sī quid est quō ūtī possim, ūtor ; sī nōn est, facile careō[5]. [6]Mihi vitiō quīdam vertunt quod multīs egeō ; at ego illīs vitiō tribuō quod nequeunt[7] egēre." Ipse scrīptum relīquit sē

1. *plaster.*   5. *abstineō.*
2. *covered.*   6. Par. *Quīdam mihi culpae*
3. *aedificium.*   *attribuunt quod multīs rēbus careō.*
4. *utensil, dish.*   7. *nōn possunt.*

numquam vestem induisse[1] quae māiōris pretī quam centum dēnāriōrum[2] esset; [3]cum cōnsulātum gereret, idem
vīnum bibisse [4]quod opificēs, et obsōnium[5] ad cēnam ē
Forō comparāsse[6] trīginta sēstertiīs[7] idque reī pūblicae
causā fēcisse. Unde[8] Seneca ait, "[9]Mārcum Catōnem 5
tam reī pūblicae Rōmānae prōfuit nāscī quam Scīpiōnem ;
alter enim cum hostibus nostrīs bellum, alter cum mōribus gessit."

1. Par. *suō corporī circumde-*
disse.

2. A denarius is about 18
cents.

3. Par. *cum cōnsul esset.*
4. *as the laboring men.*
5. *cibum.*

6. *ēmisse.* Ant. *vēndidisse.*
7. A sestertius is 4.1 cents.
8. *quam ob rem.*
9. Or. *tam prōfuit reī pūbli-*
cae Rōmānae Mārcum Catōnem
nāscī quam Scīpiōnem (nāscī).
tam ... quam, as much ... as.

98. Patientia Catōnis ergā inimīcōs.

Iniūriārum patientissimus fuit Catō. Cui cum [1]cau- 10
sam agentī in frontem mediam īnspuisset[2] Lentulus quidam, abstersit[3] faciem et, "Adfirmābō," inquit, "omnibus,
Lentule, fallī[4] eōs quī tē negant [5]ōs habēre." Ab aliō
homine improbō contumēliīs prōscissus[6], "Inīqua[7]," inquit, "tēcum mihi est pūgna ; tū enim probra[8] facile 15
audīs et dīcis libenter : mihi vērō et dīcere ingrātum et
audīre īnsolitum[9]." Dīcere solēbat acerbōs inimīcōs

1. *arguing a case.* See idioms.
2. *spit into.*
3. *wiped off.*
4. *dēcipī, in errōre esse.*
5. Used in a double sense;
literally it means '*to have a*

mouth,' in a derived sense as
here, '*to be impudent.*'
6. *adfectus, lacerātus.*
7. *inaequālis, impār.*
8. *maledicta, contumēliās.*

   9. *inūsitātum, praeter cōnsuētūdinem.*

melius dē nōbīs merērī quam eōs amīcōs quī dulcēs vidērentur ; illōs[1] enim saepe vērum dīcere, hōs numquam.

     1. *illōs ... hōs, the former ... the latter.*

99. Catō acūtē hominī cuidam superstitiōsō respondet.

Homō quīdam superstitiōsus repperit[1] quondam [2]cali-
5 gās suās ā sōricibus adrōsās. Hōc ostentō[3] turbātus[4],
cōnsuluit[5] Catōnem quid malī portenderētur. Cui ille
" Nōn est," inquit, " ostentum, quod sōricēs adrōsērunt
caligās ; at vērō sī caligae adrōsissent sōricēs, id fuisset
ostentum."

     1. *discovered.*   3. *ōmine, prōdigiō.*
     2. *that his boots had been*   4. *perterritus.*
     gnawed by mice.   5. See idioms.

10 **100. Catō ab inimīcīs accūsātus saepe, numquam māgnam
virtūtis fāmam āmīsit. Nōn illum ēnervāvit senectūs,
sed paulātim sine sēnsū adiit. Annōs quīnque et octōgintā nātus mortuus est.**

Catō ab adulēscentiā usque ad extrēmam aetātem ini-
15 mīcitiās reī pūblicae causā suscipere nōn dēstitit[1]. Ipse
a multīs accūsātus nōn modo [2]nūllum exīstimātiōnis dētrī-
mentum fēcit, sed quoad[3] vīxit virtūtum laude crēvit[4].
Quartum et octōgēnsimum annum agēns ab inimīcīs capi-
tālī crīmine accūsātus suam ipse causam perōrāvit[5], nec
20 quisquam aut memoriam ēius tardiōrem aut lateris[6] firmi-

     1. *cessāvit.*   4. *auctus est.*
     2. *suffered no loss in esteem.*   5. *perēgit.*
     3. *quam diū.*   6. *of his lungs.*

tātem imminūtam aut ōs[1] haesitātiōne impedītum animadvertit.　Nōn illum ēnervāvit nec adfīxit senectus ; eā
aetāte aderat amīcīs, veniēbat in senātum frequēns.
Graecās etiam litterās senex didicit.　Quandō obrēperet[2]
senectūs, vix intellēxit.　Sēnsim sine sēnsū ingravēscēbat[3]　5
aetās ; nec subitō frācta est[4], sed diūturnitāte[5] quasi ex-
stincta.　Annōs quīnque et octōgintā nātus excessit ē vītā.

1. *linguam, sermōnem.*　　　3. *gravior fīēbat.*
2. *crept upon (him).*　　　　4. *abrupta est.*
　　　　　5. *longitūdine temporis.*

IV.

LUCIUS AEMILIUS PAULUS MACEDONICUS.

168 B.C.

*Aemilius Paulus was one of the best specimens of the Roman nobility.
He would condescend to no mean action to win personal advantage. He was
a model soldier and an astute lawyer, and throughout his life won the admiration of all classes by the purity and integrity of his character.　He was born
about 230 B.C.; died 160 B.C.　His greatest achievement, which gave him his
cognomen, was his victory over Perseus, King of Macedonia, in his second
consulship (168 B.C.).　His triumph was the most splendid that Rome had
yet seen.*

**101.　Paulus cōnsul, profectus in Macedoniam, ōmine adduc-
tus est ut in hostem pergeret.**

Aemilius Paulus ēius quī ad Cannās cecidit, fīlius erat.　10
Cōnsul factus Macedoniam prōvinciam sortītus est[1], in
quā Perseus, Philippī fīlius, paternī in Rōmānōs odī

1. *sorte obtinuit.*

hērēs[1], bellum renovāverat. [2]Quī cum eā ipsā diē, quā
eī ut bellum cum Perseō gereret obtigerat[3], domum [4]ad
vesperum redīret, filiolam[5] suam Tertiam, quae tum erat
admodum[6] parva, ōsculāns[7] animadvertit trīsticulam[8].
5 "Quid est," inquit, "mea Tertia? quid trīstis es?" "Mī
pater," inquit, "Persa periit." (Erat autem mortuus
catellus[9] eō nōmine.) Tum ille artius[10] puellam complexus, "Accipiō ōmen," inquit, "mea fīlia." Ita ex
fōrtuītō dictō quasi spem certam clārissimī triumphī
10 animō praesūmpsit[11]. Ingressus deinde Macedoniam
rēctā[12] ad hostem perrēxit[13].

1. *heir.*
2. Or. *Quī cum redīret domum
ad vesperum eā ipsā diē quā obtigerat eī ut bellum cum Perseō
gereret, ōsculāns suam fīliolam
Tertiam, quae tum admodum
parva erat, animadvertit (eam)
esse trīsticulam.*
3. *ēvēnerat, acciderat.*

4. *ad occāsum sōlis.*
5. Diminutive of *fīliam.*
6. *very.*
7. *kissing.*
8. Diminutive of *trīstem.*
9. *puppy.*
10. *strictius.*
11. *praecēpit.*
12. sc. *viā.*

13. *contendit.*

**102. Dēfectiō[1] lūnae ā Sulpiciō Gallō praedicta māximum
terrōrem Macedonibus intulit.**

Cum duae aciēs in cōnspectū essent, Sulpicius Gallus,
15 tribūnus mīlitum, Rōmānum exercitum māgnō metū libe-
rāvit. Is enim, cum lūnae dēfectiōnem nocte sequentī
futūram praescīret, ad cōntiōnem[2] vocātīs mīlitibus nē
quis id prō portentō acciperet, dīxit, "Nocte proximā
lūna ab hōrā secundā ūsque ad quartam hōram dēfec-

1. *eclipse.*   2. *conventum.*

tūra est. Id, quia nātūrālī ōrdine et statīs temporibus fit, [1]et scīrī ante et praedīcī potest. Itaque quem ad modum nēmō mīrātur lūnam[2] nunc plēnō orbe nunc senēscentem[3] exiguō[4] cornū fulgēre[5], [6]ita nē obscūrārī quidem, quandō[7] umbrā terrae conditur, in prōdigium dēbet trahī[8]." Nocte 5 igitur ēditā[9] hōrā lūna cum dēfēcisset, [10]Rōmānīs mīli- tibus Gallī sapientia probē dīvīna vidērī; Macedonēs[11], ut trīste prōdigium, occāsum rēgnī perniciemque gentis portendēns, mōvit.

1. *can both be known before-*
hand and predicted.

2. Subject of *fulgēre.*

3. *dēcrēscentem.*

4. *parvō.*

5. *lūcēre.*

6. Or. *ita in prōdigium dēbet*
trahī nē (lūnam) obscūrārī qui-
dem quandō conditur umbrā ter-
rae.

7. *cum, ubi.*

8. *interpretārī.*

9. *appointed,* agrees with
hōrā.

10. Or. *Rōmānīs mīlitibus*
sapientia Gallī vidērī probē
dīvīna. vidērī is a historical
infinitive = *vidēbātur.* *probē* =
altogether.

11. Object of *mōvit,* which has
dēfectiō lūnae understood for its
subject.

103. Post paucōs diēs Aemilius Paulus Perseum vīcit. 10
Post victōriam cōnsul vehementer sollicitus erat dē fīliō
suō quī in castra ex proeliō nōn redierat, sed ille tardius
reversus patrem suum māgnā cūrā līberāvit.

Paucīs diēbus post Aemilius Paulus cum Perseō ācer-
rimē dimicāvit. Macedonum exercitus caesus fugātus- 15
que est[1]; rēx ipse cum paucīs fūgit. Fugientēs persecūtus est Aemilius ūsque ad initium noctis, tum sē in castra
victor recēpit. Reversum[2] gravis cūra angēbat[3], quod

1. *in fugam datus est.*

2. Agrees with *eum* understood, object of *angēbat.*

3. *sollicitum reddēbat.*

filium minōrem[1] in castrīs nōn invēnisset. Pūblius Scīpiō is erat, [2]Āfricānus et ipse posteā dēlētā Carthāgine
appellātus, quī, decimum septimum tunc annum agēns[3],
dum ācrius sequitur hostēs, in partem aliam turbā ablātus
5 erat. Sērius cum redīsset, tunc dēmum, receptō sōspite[4]
fīliō, vīctōriae tantae gaudium cōnsul sēnsit.

1. sc. *nātū.*	name *Aemilianus* also, to mark
2. *himself also afterwards*	him as the son of Aemilius Pau-
called Africanus for the destruc-	lus.
tion of Carthage. He had the	3. See idioms.
4. *salvō, incolumī.*	

**104. Perseus captus ad cōnsulem perductus est, quī eum
māximā clēmentiā recēpit.**

Vīctus Perseus in templum Samothrācēn[1] cōnfūgerat
10 ibique in angulō obscūrō dēlitīscēns[2] dēprehēnsus et cum
fīliō nātū māximō ad cōnsulem perductus est. Nōn
aliās[3] ad ūllum spectāculum tanta multitūdō occurrit.
Pullā[4] veste amictus[5] Perseus ingressus est castra, nūllō
suōrum aliō comite quī socius calamitātis miserābiliōrem
15 eum faceret. Prōgredī prae[6] turbā occurrentium ad spectāculum nōn poterat, dōnec cōnsul līctōrēs mīsisset quī
submovendō circumfūsōs[7] iter ad praetōrium[8] facerent.
Cōnsurrēxit cōnsul prōgressusque paulum introeuntī rēgī
dextram porrēxit[9], [10]submittentemque sē ad pedēs sustu-
20 lit[11]; intrōductum in tabernāculum suō laterī adsidēre

1. An island in the Aegean	6. *ob, propter,* with acc.
Sea.	7. Par. *eōs quī convēnerant.*
2. *latēns.*	8. *the general's tent.*
3. *aliō tempore.*	9. *extendit.*
4. *ātrā, nigrā.*	10. *and sinking down.*
5. *indūtus, circumdatus.*	11. *ēlevāvit,* sc. *eum.*

iussit[1]. Deinde eum interrogāvit quā inductus iniūriā
bellum contrā populum Rōmānum tam īnfēstō[2] animō
suscēpisset? Cum rēx interrogātus, terram intuēns, diū
tacitus flēret[3], cōnsul, " Bonum," inquit, " animum habē ;
populī Rōmānī clēmentia nōn modo spem tibi, sed prope   5
certam fidūciam[4] salūtis praebet[5]."

1. sc. *eum.*   3. Par. *lacrimās effunderet.*
2. *inimīcō.*   4. *cōnfīdentiam.*
                         5. *dat.*

**105. Paulus circumstantibus Rōmānīs dē mūtātiōne rērum
hūmānārum dīcit et monet nē quis praesentī fortūnae
crēdat.**

Ita postquam Perseum cōnsōlātus est Aemilius Paulus, 10
ad circumstantēs Rōmānōs conversus, " Exemplum īnsīgne[1] cernitis," inquit, " mūtātiōnis rērum hūmānārum.
Vōbīs hōc praecipuē[2] dīcō, iuvenēs. Ideō in secundīs[3]
rēbus [4]nihil in quemquam superbē āc violenter cōnsulere
decet nec praesentī crēdere fortūnae, cum, quid vesper 15
ferat, incertum sit. Is dēmum[5] vir erit cūius animum
neque prōspera fortūna nimis[6] efferet[7], neque adversa
īnfringet[8]." Eō diē et invītātus[9] ad cōnsulem Perseus et
[10]alius omnis eī honor habitus est quī habērī in tālī for-
tūnā poterat.   20

1. *cōnspicuum.*   6. *ultrā modum*, ant. *parum.*
2. *māximē.*   7. The perf. part. *ēlātus* sug-
3. *prōsperīs.*   gests what derivative ?
4. *it is becoming to resolve up-*   8. *valdē franget, minuet, dēbi-*
on arrogant and violent measures   *litābit.*
against no one ; lit. *it is becoming*   9. sc. *est.*
to resolve upon nothing against   10. *every other honor was*
any one proudly and violently.   *shown him.*
5. *quidem, profectō.*

106. Celebrat victōriam Paulus māgnis [1]lūdīs et epulīs.

Post victōriam cum ad cōnsulem multārum gentium
lēgātī grātulandī causā vēnissent, Aemilius Paulus lūdōs
māgnō apparātū[2] fēcit et epulās quoque lēgātīs māgnā
5 opulentiā et cūrā parāvit.   Dīcere solēbat et [3]convīvium
īnstruere et lūdōs parāre virī[4] ēiusdem esse quī vincere
bellō scīret[5].

1. *with games and banquets.*
2. *māgnificentiā.*
3. Par. *epulās parāre.*

4. Predicate gen. of posses-
sion after *esse.*
5. *knows how.*

107. Māgnificentissimus triumphus Paulī.

Cōnfectō bellō Aemilius Paulus rēgiā nāve ingentis
10 māgnitūdinis (nam sēdecim ōrdinēs rēmōrum[1] habuisse
dīcitur) ad urbem est subvectus.   Fuit ēius triumphus
omnium longē māgnificentissimus.   Populus exstrūctīs[2]
per Forum tabulātīs[3] in modum theātrōrum spectāvit[4] in
candidīs[5] togīs.   Aperta[6] templa omnia et sertīs[7] corōnāta
15 tūre[8] fūmābant.   In trēs diēs distribūta est pompa[9] spectāculī.   Prīmus diēs vix suffēcit trānsvehendīs [10]sīgnīs
tabulīsque ; sequentī diē trānslāta sunt arma, galeae,
scūta, lōrīcae, pharetrae, argentum aurumque.   Tertiō
diē prīmā statim lūce dūcere āgmen coepēre[11] tībīcinēs[12],
20 nōn fēstōs sollemnium pompārum modōs sed bellicum

1. *oars.*
2. *ēductīs, factīs.*
3. *reviewing-stands.*
4. sc. *spectāculum.*
5. Ant. *nigrīs.*
6. Ant. *clausa.*

7. *corōnīs flōrum.*
8. *incense.*
9. *parade.*
10. *statues and pictures.*
11. *incēpērunt.*
12. *pipers.*

sonantēs, quasi in aciem prōcēdendum esset[1]. [2]Deinde
agēbantur pīnguēs[3] cornibus aurātīs et vittīs[4] redimītī[5]
bovēs centum vīgintī. Sequēbantur Perseī līberī, comi-
tante ēducātōrum et magistrōrum turbā quī manūs[6] ad
spectātōrēs cum lacrimīs miserābiliter tendēbant et [7]pue- 5
rōs docēbant implōrandam suppliciter vīctōris populī
misericordiam esse. Pōne[8] filiōs incēdēbat cum uxōre
Perseus, attonitus[9] et subitō malō stupēns. Inde qua-
dringentae corōnae aureae portābantur, ab omnibus ferē
Graeciae cīvitātibus dōnō[10] missae. Postrēmō ipse in 10
currū Paulus aurō purpurāque fulgēns ēminēbat[11], māgnam[12] cum[13] dignitāte aliā corporis tum senectā ipsā māiestātem [14]prae sē ferēns. Post currum inter aliōs inlūstrēs virōs filiī duo Aemilī, deinde equitēs turmātim[16] et
cohortēs peditum, suīs quaeque ōrdinibus. Paulō ā 15
senātū et populō Rōmānō concessum est ut [16]lūdīs circēn-
sibus veste triumphālī ūterētur, eīque cōgnōmen Macedo-
nicī inditum[17].

1. Impersonal.
2. Or. *Deinde centum vīgintī
pinguēs bovēs agēbantur cornibus
aurātīs et vittīs redimītī.*
3. *sleek.*
4. *fillets.*
5. *corōnātī.*
6. Object of *tendēbant.*
7. Or. *docēbant puerōs misericordiam vīctōris populī suppliciter implōrandam esse.*
8. *post.*

9. *stunned.*
10. dat. for which.
11. *appārēbāt, exstābat, cōnspi-
cuus erat.*
12. With *māiestātem,* which
is the object of *ferēns.*
13. *cum . . . tum = nōn sōlum
. . . sed etiam.*
14. *showing.* See idioms.
15. *by squadrons.*
16. *at the contests in the Cir-
cus Maximus.*

17. *datum est.*

108. Gravī dolōre Paulus adfectus propter mortem duōrum fīliōrum calamitātem summō animī rōbore sustinuit et dīxit sē laetārī quod hīc prīvātus nōn pūblicus cāsus esset.

5 Tantae huic laetitiae gravis dolor admixtus est. Nam Aemilius Paulus, duōbus fīliīs in adoptiōnem datīs, duōs tantum[1] nōminis hērēdēs domī retinuerat. Ex hīs minor, fermē duodecim annōs nātus, quīnque diēbus ante triumphum patris, māior autem trīduō post triumphum 10 dēcessit. Itaque quī ad dōnandōs ūsque[2] līberōs abundāverat, in orbitāte[3] subitō dēstitūtus est. Eum tamen cāsum summō animī rōbore sustinuit, nec contigit[4] Perseō ut trīstem Paulum vidēret. Nam cum mōre māiōrum ōrātiōnem dē rēbus suīs gestīs apud populum habēret, 15 "Cum in summā fēlīcitāte nostrā," inquit, "timērem nē quid malī fortūna mōlīrētur[5], deōs immortālēs precātus sum[6] ut, sī adversī[7] quid populō Rōmānō imminēret[8] ad expiandam nimiam[9] fēlīcitātem, id in meam potius domum quam in rem pūblicam recideret[10]. [11]Quāpropter [12]bene 20 habet. Adnuendō[13] enim vōtīs nostrīs effēcērunt ut vōs potius meum cāsum dolērētis quam ego vestrō[14] ingemīscerem[15]. Nēmō iam ex tot līberīs superest quī Aemilī Paulī

1. *sōlum.*
2. Join with *ad* above, *ūsque ad = even to.*
3. *prīvātiōne.*
4. *ēvēnit.*
5. *parāret, cōgitāret.*
6. *implōrāvī.*
7. Partitive gen. after *quid.*
8. *impendēret, īnstāret, appropinquāret.*
9. *excessive.*
10. *caderet.*
11. *Quam ob rem bene est.*
12. See idioms.
13. *adsentiendō.*
14. sc. *cāsū,* abl. of cause.
15. *dēplōrārem, lāmentārer.*

nōmen ferat. Duōs enim in adoptiōnem datōs Cornēlia
et Fabia gēns habent; Paulī in domō praeter[1] senem
nēmō superest. Sed hanc prīvātam calamitātem vestra
fēlicitās et secunda[2] fortūna pūblica cōnsōlātur."

1. *except.*   2. *prōspera.*

109. Paulus omnēs Macedonum dīvitiās in aerārium populī 5
Rōmānī intulit et pauper dēcessit. Fūnus ēius omnium
benevolentiā īnsīgne fuit.

Aemilius Paulus omnī Macedonum gazā quae fuit māxima, potītus[1], tantam in aerārium populī Rōmānī pecūniam
invēxit ut ūnīus imperātōris praeda fīnem adferret[2] tribū- 10
tōrum. At hīc nihil domum suam praeter sempiternam[3]
nōminis memoriam dētulit. Mortuus est adeō pauper [4]ut
dōs ēius uxōrī, nisi [5]vēnditō, quem ūnum relīquerat, fundō,
nōn posset exsolvī[6]. [7]Exsequiae ēius nōn tam aurō et
ebore cēterōque apparātū, quam omnium benevolentiā et 15
studiō[8] fuērunt īnsīgnēs. Macedoniae prīncipēs, quī tunc
Rōmae erant lēgātī, [9]umerōs suōs fūnebrī lectō sponte
suā subiēcērunt. Quem enim in bellō ob virtūtem timu-
erant, eundem in pāce ob iūstitiam dīligēbant[10].

1. This verb equals *in posses-*
siōne habēre, and is followed by
the abl.
2. *faceret.*
3. *aeternam.*
4. Or. *ut dōs ēius uxōrī nōn*
posset exsolvī nisi vēnditō fundō
quem ūnum relīquerat.
5. *vēnditō fundō* = *by selling*
the farm.

6. *be paid.*
7. *pompa fūneris,* join *exse-*
quiae with *fuērunt īnsīgnēs.*
8. *amōre, favōre.*
9. *bore the funeral bier on*
their shoulders at their own re-
quest.
10. *amābant.*

SELECTIONS FROM AULUS GELLIUS.

I. LIFE OF AULUS GELLIUS.

All the information that we have about Gellius is contained in his well-known work, *Noctes Atticae*. In this he now and then makes incidental reference to himself and his activities, but nowhere gives any express or detailed account of his life. The date of his birth and of his death are equally uncertain, but we know from his references to his contemporaries that he must have lived from about 120 to 180 A.D. He was probably a Roman and of good family, and his education in grammar, rhetoric, and philosophy was of the very best. Among his teachers may be mentioned Sulpicius Apollinaris, the grammarian, a famous Carthaginian, who inspired him with a lasting interest in his art; Titus Castricius, the foremost rhetorician of his time; and Favorinus, the philosopher, once the favorite of the Emperor Hadrian, and distinguished for his learning and eloquence. Gellius was a lawyer by profession, but found time for much reading and study. Probably at the suggestion of Favorinus, he made a journey to Greece and traveled extensively in that country, remaining for a considerable time at Athens. It was there, in a country house near the city, during the long nights of winter, that he prepared his book. This suggested its title *Noctes Atticae*. No subsequent events of his life are known to us.

II. NOCTES ATTICAE.

Gellius tells us in his preface that it was his habit when reading to make notes and extracts from the volume before him, and that these make up his book. It is, therefore, a note-book, containing the concentrated results of years of study. Of the twenty books of his work, all have come down to us excepting the eighth. There is no attempt made to classify the contents, but it is a miscellaneous collection of quotations, discussions, and dissertations on a great variety of subjects, mainly grammar, philosophy, history, and biography.

Noctes Atticae has a fourfold value :

a. As a story book. Gellius says that one object of his book was to entertain his children. It is therefore written in a popular vein, and contains but little that is abstruse or technical.

b. As a source of information. Gellius gives much interesting information on a great variety of subjects which, but for him, would never have been so clearly understood.

c. As giving quotations from authors no longer extant. It is in this respect that *Noctes Atticae* is peculiarly valuable.

d. As a biographer of prominent writers. In this field Gellius has done much, *e.g.*, nearly all we know about Plautus is from this source.

The style of *Noctes Atticae* is good in general, but it is marred by an affectation towards out-of-the-way and obsolete words and phrases. Gellius here is simply following the literary fashion of his day. It is this same love of the archaic that causes him to ignore the Roman writers that lived nearest to his own time. He scarcely mentions the writers of the Augustan age, but speaks in the highest terms of Plautus, Ennius, Cato, and other early writers, and quotes from them constantly.

I, 14.

110. Quid dīxerit fēceritque C. Fabricius[1], māgnā vir glōriā māgnīsque rēbus gestīs, sed familiae[2] pecūniaeque inops, cum eī Samnītēs[3] tamquam[4] indigentī [5]grave aurum dōnārent.

5　Iūlius Hygīnus[6] in librō Dē Vītā Rēbusque Inlūstrium Virōrum sextō lēgātōs dīcit ā Samnītibus ad C. Fabricium, imperātōrem populī Rōmānī, vēnisse et memorātīs[7] multīs māgnīsque rēbus, quae bene āc benevolē, post redditam pācem Samnītibus, fēcisset, obtulisse dōnō grandem pe-
10 cūniam ōrāsseque utī acciperet ūterēturque, atque id facere Samnītēs dīxisse, quod vidērent multa ad splendō-rem domūs atque vīctūs[8] dēfierī[9] neque prō[10] amplitūdine dīgnitāteque lautum[11] parātum[12] esse. Tum Fabricium [13]plānās manūs ab auribus ad oculōs et īnfrā[14] deinceps
15 ad nārēs et ad ōs et ad gulam atque inde porrō ad ven-trem īmum dēdūxisse et lēgātīs ita respondisse: dum illīs

N.B. The notes on these selections contain occasional questions on word-formation. It is taken for granted that students have followed the suggestion made in the Introduction (III, A, *b*) before reaching this point.

1. A typical Roman of the old style, famous for his integrity. He was three times consul.

2. *reī familiāris, property.*

3. The people of Samnium.

4. *velutī, sīcut, quasi.*

5. Par. *māgnum aurī pondus.*

6. A freedman of Augustus by whom he was placed in charge of the Palatine library. He wrote many books, all of which are lost.

7. *nārrātīs.*

8. *vīctus* includes all that has to do with the manner of living.

9. *dēficī, deesse.*

10. *in proportion to.*

11. *ēlegantem, sūmptuōsum.*

12. *apparātum == furnishing, outfit.*

13. *palms.*

14. Ant. *suprā.*

omnibus membrīs, quae attigisset, obsistere atque impe-
rāre posset, numquam quicquam dēfutūrum ; proptereā[1]
sē pecūniam, [2]quā nihil[3] sibi esset ūsus, ab hīs quibus
eam scīret ūsuī esse, nōn accipere.

1. *quam ob rem.* which takes the ablative ; A. &
2. With *ūsus*, signifying *need*, G. 243, *e* ; H. 414, IV.
3. acc. of spec.

I, 17.

111. Quantā cum animī aequitāte tolerāverit Sōcratēs 5
uxōris ingenium intractābile; [1]atque inibi, quid M. Varrō[2]
in quādam saturā dē officiō marītī[3] scrīpserit.

Xanthippē, Sōcratis philosophī uxor, mōrōsa admodum[4]
fuisse fertur et iūrgiōsa[5], īrārumque et molestiārum mulie-
brium per diem perque noctem scatēbat[6]. [7]Hās ēius 10
intemperiēs in marītum Alcibiadēs dēmīrātus, interrogāvit
Sōcratēn quaenam ratiō esset cur mulierem tam acerbam
domō nōn exigeret[8]. "Quoniam," inquit Sōcratēs, "cum
illam domī tālem perpetior[9], insuēscō et exerceor[10] ut
cēterōrum quoque forīs[11] petulantiam et iniūriam facilius 15
feram."

1. *and in this connection.*
2. M. Terentius Varro, the
famous Roman antiquarian, born
116 B.C., whose profound and
varied learning earned for him
the title of the " most learned of
the Romans." He wrote four
hundred and ninety books, but
of these only two works have
come down to us, one in a muti-
lated form.

3. *coniugis, virī.*
4. *valdē, vehementer.*
5. cf. *iūrgium = a quarrel.*
6. *overflowed with, was full of.*
7. *Alcibiades, wondering at
these outbreaks of hers against
her husband.*
8. *expelleret, ēiceret.*
9. *perferō, tolerō.*
10. *exerceor = exerceō mē.*
11. *forīs,* adv. = *out of doors.*

[1]Secundum hanc sententiam quoque Varrō in saturā
Menippeā, quam dē officiō marītī scrīpsit : " Vitium,"
inquit, " uxōris aut [2]tollendum aut ferendum est.   Quī
tollit vitium[3], uxōrem commodiōrem[4] praestat[5]; quī fert,
5 sēsē meliōrem facit." Haec verba Varrōnis 'tollere' et
'ferre' lepidē[6] quidem composita sunt, sed 'tollere' appāret dictum prō 'corrigere.' Id etiam appāret, ēiusmodī
vitium uxōris, sī corrigī nōn possit, ferendum esse Varrōnem cēnsuisse[7], quod ferrī scīlicet ā virō honestē potest ;
10 [8]vitia enim flāgitiīs leviōra sunt.

1. Par. *ex hāc sententiā.*	6. *ēleganter, aptē.*
2. *cured or endured.*	7. *putāvisse.*
3. *culpam.*	8. *for defects are easier to*
4. *faciliōrem, moderātiōrem.*	*endure (leviōra) than shameful*
5. *facit.*	*disgraces (flāgitiīs).*

I, 19.

**112. Historia super librīs Sibyllīnīs[1] āc dē Tarquiniō
Superbō rēge.**

In antīquīs annālibus[2] memoria super librīs Sibyllīnīs
haec prōdita[3] est : Anus[4] hospita atque incōgnita ad Tar-
15 quinium Superbum rēgem adiit, novem librōs ferēns,
quōs esse dīcēbat dīvīna ōrācula ; eōs sē velle [5]vēnum

1. These were prophecies
probably derived from Cumae, a
Greek city of Campania. They
were written in Greek verse and
kept in a stone chest in the temple
of Jupiter Capitolinus. In 82 B.C.
they were destroyed by fire, but
again restored. Finally they were
removed by Augustus, and placed
in golden chests in the temple of
Apollo on the Palatine.

2. The oldest historical rec-
ords among the Romans were
called *annālēs librī = year books ;*
they were written on whitened
boards.

3. *nārrāta, scrīpta.*
4. *an old woman.*
5. *to sell.*

dare. Tarquinius pretium percontātus est[1]. Mulier
[2]nimium atque immēnsum popōscit: rēx, quasi[3] anus
aetāte dēsiperet, dērīsit. Tum illa foculum[4] cōram cum
īgnī appōnit, trēs librōs ex novem deūrit[5] et, ecquid[6]
reliquōs sex eōdem pretiō emere vellet, rēgem interrogā- 5
vit. Sed enim[7] Tarquinius id multō rīsit magis dīxitque
anum iam procul[8] dubiō dēlīrāre[9]. Mulier ibīdem statim
trēs aliōs librōs exussit[10] atque id ipsum dēnuō[11] placidē
rogat, ut trēs reliquōs eōdem illō pretiō emat. Tarquinius
ōre iam sēriō atque attentiōre animō fit, eam cōnstantiam 10
cōnfīdentiamque [12]nōn īnsuper habendam intellegit ; librōs
trēs reliquōs mercātur nihilō minōre pretiō quam quod
erat petītum prō omnibus. [13]Sed eam mulierem tunc ā
Tarquiniō dīgressam posteā [14]nūsquam locī vīsam cōnstitit.
Librī trēs, in sacrārium conditī, ' Sibyllīnī ' appellātī. Ad 15
eōs, quasi ad ōrāculum, Quīndecim virī adeunt, cum dī
immortālēs pūblicē cōnsulendī sunt.

1. *dīligenter quaesīvit.*
2. sc. *pretium*, tr. *the woman
asked an excessive and in fact
(atque) enormous price.*
3. *tamquam*, cf. p. 108, l. 3.
4. *brazier.*
5. *cremat, incendit.*
6. *num.*
7. *profectō, quidem.*
8. *sine.*
9. *īnsānīre.*

10. cf. *deūrit* above.
11. *dē novō.*
12. *nōn neglegendam, nōn dē-
spiciendam.*
13. *Sed eam mulierem ... cōnstitit.* Note the emphatic order.
Tr. *But as for that woman it is
agreed*, etc.
14. Par. *nūllō locō. locī* is
partitive genitive with *nūsquam.*

I, 23.

113. Quis fuerit Papīrius Praetextātus; quae istīus causa cōgnōmentī sit; historiaque ista omnis super eōdem Papīriō cōgnitū[1] iūcunda.

Historia dē Papīriō Praetextātō dicta scrīptaque est
5 ā M. Catōne[2] in orātiōne quā ūsus est ad mīlitēs contrā
Galbam[3], cum multā quidem venustāte atque lūce atque
munditiā[4] verbōrum. [5]Ea Catōnis verba huic prōrsus
commentāriō indidissem, sī librī cōpia fuisset id temporis
cum haec dictāvī. Quod sī nōn virtūtēs dīgnitātēsque
10 verbōrum, sed rem ipsam scīre quaeris, rēs fermē ad
hunc modum est : Mōs anteā senātōribus Rōmae fuit
in cūriam cum praetextātīs[6] fīliīs introīre. Tum, cum in
senātū rēs māior quaepiam[7] cōnsultāta eaque in diem po-
sterum prōlāta[8] est, [9]placuitque ut eam rem, super quā
15 tractāvissent, nē quis ēnūntiāret priusquam dēcrēta esset,
māter Papīrī puerī, quī cum parente suō in cūriā fuerat,
percontāta est[10] fīlium quidnam in senātū patrēs ēgissent.

1. Supine depending on *iū-cunda.*

2. See introduction to selections **88–100**.

3. Servius Sulpicius Galba was praetor 151 B.C., and received Spain as his province. He was tried for cruelty to the Lusitanians, and was denounced in the strongest terms by Cato, who was then eighty-five years old.

4. *ēlegantiā.*

5. *These words of Cato I should have inserted right in this note-book, if I had had access to the book at just the time when I dictated them.*

6. *wearing the praetexta,* i.e. the toga with a purple border worn by children.

7. *aliqua.*

8. *prōrogāta.*

9. Or. *placuitque (ut) nē quis ēnūntiāret eam rem super (= dē) quā tractāvissent.*

10. cf. p. 111, l. 1.

Puer respondit tacendum esse neque id dīcī licēre. Mulier fit audiendī cupidior ; sēcrētum[1] reī et silentium puerī animum ēius ad inquirendum ēverberat[2] : quaerit igitur compressius[3] violentiusque. Tum puer mātre urgente [4]lepidī atque fēstīvī mendācī cōnsilium capit. 5 Āctum[5] in senātū dīxit utrum[6] vidērētur ūtilius [7]exque rē pūblicā esse, [8]ūnusne ut duās uxōrēs habēret, an ut ūna apud duōs nūpta esset. Hōc illa ubi audīvit, animus compavēscit[9], domō trepidāns ēgreditur, ad cēterās mātrōnās [adfert[10]]. Pervenit ad senātum postrīdiē 10 mātrum familiās caterva[11]. Lacrimantēs atque obsecrantēs ōrant [12]ūna potius ut duōbus[13] nūpta fieret quam ut ūnī[13] duae. Senātōrēs ingredientēs in cūriam, quae illa mulierum intemperiēs et quid [14]sibi postulātiō istaec vellet, mīrābantur. Puer Papīrius in medium cūriae prō- 15 gressus, [15]quid māter audīre īnstitisset[16], quid ipse mātrī dīxisset, rem, sīcut fuerat, dēnārrat. Senātus fidem atque ingenium puerī exōsculātur[17], cōnsultum facit [18]utī posthāc puerī cum patribus in cūriam nē introeant, praeter[19]

1. *mystery.*
2. *stimulat, urget.*
3. *vehementius.*
4. *neat and humorous.*
5. sc. *esse.*
6. *which (of two).*
7. See idioms.
8. *whether that one should have* . . .
9. *timet, metuit.*
10. *carries the news.*
11. *multitūdō.*
12. Or. *ut ūna potius duōbus,* etc.

13. The verb *nūbere, to marry,* regularly governs the dative.
14. *sibi . . . vellet,* lit. *wished for itself = meant.*
15. The *quid* clauses are in apposition with *rem,* the object of *dēnārrat.*
16. From *īnsistō,* cf. Eng. *insist.*
17. *valdē laudat.*
18. *utī . . . nē = nē,* cf. p. 112, n. 9, above.
19. Adv. = *except.*

ille ūnus Papīrius, atque puerō posteā cōgnōmentum
honōris grātiā inditum[1] 'Praetextātus' ob tacendi loquen-
dīque in aetāte praetextae prūdentiam.

1. *impositum.*

I, 24.

114. Tria epigrammata trium veterum poētārum, Naevī[1],
5   **Plautī[2], Pācuvī[3], quae facta ab ipsīs sepulcrīs[4] eōrum**
incīsa sunt.

Trium poētārum inlustrium epigrammata, Cn. Naevī,
Plautī, M. Pācuvī, quae ipsi fēcērunt et incīdenda sepulcrō suō reliquērunt, [5]nōbilitātis eōrum grātiā et venustātis
10 scrībenda in hīs commentāriīs esse dūxī.

Epigramma Naevī plēnum superbiae Campānae[6], quod
testimōnium esse iūstum potuisset, nisi ab ipsō dictum
esset :

     Immortālēs mortālēs sī foret fās flēre,
15   Flērent dīvae Camēnae[7] Naevium poētam.

1. Cn. Naevius, 270–204 B.C.,
a famous epic and dramatic poet.
Of his epic poem on the First
Punic War a few fragments still
remain. It was extensively copied
by later writers, especially by Vergil. His plays were very popular even in the Augustan age.

2. T. Maccius Plautus, born
about 254 B.C., was the most
celebrated comic poet of Rome.
We still possess twenty of his
plays.

3. M. Pacuvius, one of the
early Roman tragedians, was
born about 220 B.C. He was
equally famous as a painter and
as a writer. A few fragments of
his plays are extant.

4. dat. after *incīsa.*

5. Or. *dūxī* (= *habuī*) *scrībenda esse in hīs commentāriīs
nōbilitātis eōrum grātiā* (=*on
account of*) *et venustātis.*

6. *Campanian.* Naevius was
born there.

7. *Mūsae.*

Itaque [1]postquam est Orchī trāditus thēsaurō,
Oblītī sunt Rōmae loquier[2] linguā Latīnā.[3]

Epigramma Plautī, quod dubitāssēmus an[4] Plautī foret,
nisi ā M. Varrōne[5] positum esset in librō Dē Poētis
prīmō :   5

[6]Postquam est mortem aptus Plautus, Cōmoedia lūget[7],
Scaena est dēserta, dein Rīsus, Lūdus Iocusque,
Et [8]Numerī innumerī simul omnēs conlacrimārunt.

Epigramma Pācuvī verēcundissimum[9] et pūrissimum
dīgnumque ēius ēlegantissimā gravitāte :   10

Adulēscēns, tametsī properās, ˙tē hōc saxum rogat
Vt sēsē aspiciās, deinde quod scrīptum est legās.
Hīc sunt poētae Pācuvī Marcī sita
Ossa. Hōc[10] volēbam nescius nē essēs. Valē.

1. Par. *postquam Plūtōnis do-*
mum abiit.

2. Old form for *loquī = how
to speak.*

3. Note the meter of this
epigram, as also of the third. It
is known as the saturnian, a
native Italian meter antedating
the hexameter.

4. *num, sī.*

5. See **111**, n. 2.

6. Par. *Postquam Plautus
mortuus est.*

7. Ant. *gaudet.*

8. *Measures without number.*

9. *modestissimum* ; ant. *im-
pudentissimum.*

10. The object of *nescius essēs,*
which equals *nescīrēs.*

II, 1.

115. Quō genere solitus sit philosophus Sōcratēs exercēre 15
[1]patientiam corporis ; dēque ēiusdem virī temperantiā.

Inter labōrēs voluntāriōs et exercitia [2]corporis [3]ad for-
tuītās patientiae vicēs firmandī, id quoque accēpimus

1. *physical endurance.*

2. *corporis firmandī,* objective
genitive.

3. *for unexpected duties re-
quiring endurance.*

Sōcratēn facere īnsuēvisse[1] : stāre solitus Sōcratēs dīcitur pertinācī statū, [2]perdius atque pernox, [3]ā summō lūcis ortū ad sōlem alterum orientem, incōnīvēns[4], immōbilis, eīsdem in vestīgiīs, et ōre atque oculīs eundem in locum 5 dīrēctis, cōgitābundus[5], tamquam quōdam sēcessū[6] mentis atque animī factō ā corpore. Quam rem cum Favōrīnus[7], dē fortitūdine ēius virī [8]ut plēraque disserēns, attigisset[9], [10]'πολλάκις ' inquit 'ἐξ ἡλίου εἰς ἥλιον εἱστήκει ἀστραβέστερος τῶν πρέμνων'.

10 Temperantiā quoque fuisse eum tantā trāditum est ut omnia ferē vītae suae tempora [11]valētūdine inoffēnsā vīxerit. In illīus etiam pestilentiae vāstitāte quae in bellī Peloponnēnsiacī prīncipiō Athēniēnsium cīvitātem internecīvō[12] genere morbī dēpopulāta est, is [13]parcendī mode15 randīque ratiōnibus dīcitur [14]et ā voluptātum lābe cāvisse et salūbritātēs[15] corporis retinuisse, ut nēquāquam[16] fuerit commūnī omnium clādī obnoxius[17].

1. *solitum esse.*

2. Par. *per diem atque per noctem.*

3. Par. *ā prīmā lūce. summō = prīmō.*

4. *sine somnō, vigil.*

5. *cōgitāns, dēlīberābundus.*

6. *discessū.*

7. A famous philosopher and sophist of the reign of Hadrian.

8. *discussing in his usual vein.*

9. *commemorāsset, tractāsset.*

10. *often he stood, stiffer than the trees, from sun to sun.*

11. *sine morbō, sānus.*

12. *gravī, fūnestō.*

13. *by means of care and self-restraint.*

14. *both to have secured himself against the ruinous effect of sensual pleasures.*

15. *sānitātem, bonam valētūdinem.*

16. *minimē.*

17. *expositus, subiectus.*

II, 28.

**116.   Nōn esse compertum[1] cui deō [2]rem dīvīnam fierī
oporteat, cum terra movet.**

Quaenam esse causa videātur quam ob rem terrae tre-
mōrēs fīant, [3]nōn modo hīs commūnibus hominum sēnsi-
bus opīniōnibusque compertum[4], sed nē inter physicās   5
quidem philosophiās [5]satis cōnstitit ventōrumne vī acci-
dant specūs[6] hiātūsque[7] terrae subeuntium an aquārum
subter in terrārum cavīs undantium pulsibus fluctibusque,
ita utī videntur exīstimāsse antīquissimī Graecōrum, quī
Neptūnum ' σεισίχθονα '[8] appellāvērunt, an cūius[9] aliae[10] reī   10
causā alterīusve[11] deī vī āc nūmine, nōndum etiam, sīcutī
dīximus, prō certō crēditum.   Proptereā veterēs Rōmānī,
cum[12] in omnibus aliīs vītae officiīs, tum in cōnstituendīs
religiōnibus atque in dīs immortālibus animadvertendīs
castissimī[13] cautissimīque, ubi terram mōvisse sēnserant   15
nūntiātumve erat, fēriās[14] ēius reī causā ēdictō[15] imperā-
bant, sed deī nōmen, ita utī solet, cui servārī fēriās oportēret, statuere et ēdīcere quiēscēbant[16], nē, alium prō aliō
nōminandō, falsā religiōne populum adligārent[17].   Eās

1. *cōgnitum, intellēctum.*
2. *sacrum, sacrificium.*
3. Remember that when *nōn
modo* is followed by *sed nē* . . .
quidem, the English idiom re-
quires a second negative in the
first clause.
4. sc. *est.*
5. See idioms.
6. *cavernās, antra.*
7. *clefts, chasms.*

8. *earth-shaker.*
9. The indefinite = *some.*
10. *alīus.*
11. *alīus.*
12. *cum . . . tum = not only
. . . but especially.*
13. *piissimī.*
14. *holidays.*
15. abl. of means.
16. *they refrained from.*
17. Ant. *solverent.*

fēriās sī quis polluisset[1] piāculōque[2] ob hanc rem opus esset, hostiam[3] ' sī deō, sī deae ' immolābant, idque ita ex dēcrētō pontificum observātum esse M. Varrō[4] dīcit, quoniam et quā vī et per quem deōrum deārumve terra tremeret incertum esset.

5   Sed dē lūnae sōlisque dēfectiōnibus[5], nōn minus in ēius reī causā reperiendā sēsē exercuērunt.   Quippe[6] M. Cat⸦⸧[7], vir in cōgnōscendīs rēbus multī studī[8], incertē tamen et incūriōsē[9] super eā rē opīnātus est.   Verba Catō-

10 nis ex Orīginum quartō[10] haec sunt: " [11]Nōn libet scrībere quod [12]in tabulā āpud pontificem māximum est, quotiēns annōna[13] cāra fuerit, quotiēns lūnae aut sōlis lūminī cālīgō[14] aut quid obstiterit."   Ūsque adeō parvī fēcit ratiōnēs vērās sōlis et lūnae dēficientium vel scīre vel dīcere.

1. *contāminâsset.*
2. abl. after *opus = need*, cf. *ūsus*, p. 109, l. 3.
3. *vīctimam.*
4. See **111**, n. 2.
5. *eclipses.*
6. *nam.*
7. See pp. 88–97.
8. Descriptive genitive with *vir.*

9. *indifferently.*
10. sc. *librō.*
11. *I am not disposed.*
12. This refers to the record of events kept at the house of the high priest.
13. *provisions.*
14. *mist.*

III, 4.

117. ¹Quod P. Āfricānō et aliīs tunc virīs nōbilibus ante ²aetātem senectam barbam et genās³ rādere mōs patrius fuit.

In librīs quōs dē vītā P. Scīpiōnis Āfricānī compositōs legimus, scrīptum esse animadvertimus, P. Scīpiōnī⁴ Paulī 5
filiō, postquam dē Poenīs triumphāverat cēnsorque fuerat, ⁵diem dictum esse ad⁶ populum ā Claudiō Asellō, tribūnō plēbis, cui⁷ equum in cēnsūrā adēmerat, eumque, cum esset reus⁸, neque barbam dēsisse⁹ rādī neque nōn candidā veste ūtī neque fuisse cultū¹⁰ solitō reōrum. Sed 10
cum in eō tempore Scīpiōnem minōrem quadrāgintā annōrum fuisse cōnstāret, quod dē barbā rāsā ita scrīptum esset mīrābāmur. Comperimus autem cēterōs quoque in eīsdem temporibus nōbilēs virōs barbam ¹¹in ēiusmodī aetāte rāsitāvisse¹², idcircōque plērāsque imāginēs vete- 15
rum, nōn admodum senum, sed in mediō aetātis, ita factās vidēmus.

1. The Romans in early times wore the beard long. Barbers were introduced 300 B.C., and Pliny says that Scipio Africanus Major was the first Roman who was shaved every day. The custom soon became general. In times of mourning or trouble the beard was allowed to grow.

2. *aetātem senectam* = *senectūtem*.

3. *cheeks.*

4. Indirect object of *dictum esse.*

5. See idioms.

6. *apud.*

7. See Introduction IV, 16, 3, *c.*

8. *a defendant, under arrest.*

9. From *dēsinō*, cf. *cessāre, fīnem facere.*

10. *cultus* = *vestītus et ōrnāmentum corporis.*

11. *at this age*, i.e. at about forty.

12. Frequentative of *rādō*, post-Augustan and very rare.

III, 8.

118. Litterae eximiae¹ cōnsulum C. Fabricī² et Q. Aemilī ad rēgem Pyrrhum³ ā Q. Claudiō⁴ scrīptōre historiārum in memoriam datae.

Cum Pyrrhus rēx in terrā Ītaliā esset et ⁵ūnam atque
5 alteram pūgnās prōsperē pūgnāsset ⁶satisque agerent
Rōmānī et ⁷plēraque Ītalia ad rēgem dēscīvisset⁸, tum
Ambraciēnsis⁹ quispiam Tīmocharēs, rēgis Pyrrhī amīcus,
ad C. Fabricium cōnsulem fūrtim vēnit āc praemium petīvit et, sī dē praemiō convenīret¹⁰, prōmīsit rēgem venēnīs
10 necāre, idque facile esse factū dīxit, quoniam fīlius suus
pōcula in convīviō rēgī ministrāret.   Eam rem Fabricius
ad senātum scrīpsit.   Senātus ad rēgem lēgātōs mīsit
mandāvitque¹¹ ut dē Tīmochare nihil prōderent, sed
monērent utī rēx circumspectius ageret atque ā proxi-
15 mōrum īnsidiīs salūtem tūtārētur.¹²   Hōc ita, utī dīximus,
in ¹³Valerī Antiātis historiā scrīptum est.   Quadrīgārius
autem in librō tertiō nōn Tīmocharem, sed Nīciam adīsse

1. *ēgregiae.*

2. See selection **110**, n. 1.
This consulship was in 278 B.C.

3. The brave and noble king
of Epirus who crossed into Italy
and fought against the Romans,
280–274 B.C.

4. Q. Claudius Quadrigarius,
100–78 B.C., wrote a history of
Rome.   Gellius seems to have
thought more of him as a historian than other writers.

5. See idioms.

6. *had all they could do.*

7. *māxima pars Ītaliae.*

8. *dējēcisset,* cf. Eng. *defec-
tion.*

9. Ambracia is a town in Epirus.   What does the ending *-ēn-
sis* denote?

10. *if an agreement were
made.*

11. *imperāvit.*

12. *dēfenderet.*

13. Q. Valerius Antias flourished about 80 B.C.   Livy calls
him the most mendacious of all
the annalists.

ad cōnsulem scrīpsit, [1]neque lēgātōs ā senātū missōs sed
ā cōnsulibus, et Pyrrhum populō Rōmānō laudēs atque
grātiās scrīpsisse captīvōsque omnēs quōs tum habuit,
vestīvisse et reddidisse.

Cōnsulēs tum fuērunt C. Fabricius et Q. Aemilius. 5
Litterās quās ad rēgem Pyrrhum super eā causā mīsērunt, Claudius Quadrīgārius scrīpsit fuisse hōc exemplō[2]:
"Cōnsulēs Rōmānī [3]salūtem dīcunt Pyrrhō rēgī. Nōs
prō tuīs iniūriīs continuīs [4]animō tenus commōtī inimī-
citer tēcum bellāre[5] studēmus. Sed commūnis exemplī 10
et fideī ergō[6] vīsum[7] ut tē salvum velīmus, [8]ut esset
quem armīs vincere possēmus. Ad nōs vēnit Nīciās,
familiāris tuus, quī sibi praemium ā nōbīs peteret, sī tē
clam interfēcisset[9]. Id nōs negāvimus velle, nēve[10] ob
eam rem quicquam commodī exspectāret, et simul[11] vīsum 15
est ut tē [12]certiōrem facerēmus, nē quid[13] ēiusmodī, sī
accidisset, nostrō cōnsiliō cīvitātēs putārent factum, et
quod nōbīs nōn placet pretiō aut praemiō aut dolīs pūgnāre. Tū, nisi cavēs, iacēbis[14]."

1. Or. *et lēgātōs missōs (esse)
nōn ā senātū sed ā cōnsulibus.*

2. *sententiā.*

3. See idioms.

4. *moved to the heart.* *tenus*
always follows its case.

5. Par. *bellum gerere.*

6. *causā.*

7. sc. *est, it has seemed right.*

8. *that there might be one.*

9. What tense in direct discourse?

10. *neve = et nē.* *nē . . . exspectāret = nōlī exspectāre* of direct discourse.

11. *eōdem tempore.*

12. See idioms.

13. Subject of *factum (esse)*.

14. Par. *mortuus eris.*

III, 15.

119. [1]Exstāre in litterīs perque hominum memoriās trāditum[2] quod repente multīs mortem attulit gaudium[3] ingēns īnspērātum, [4]interclūsā animā et vim māgnī novīque
mōtūs nōn sustinente.

5　　Cōgnitō repente īnspērātō gaudiō exspīrāsse animam[5]
refert Aristotelēs[6] philosophus Polycritam, nōbilem fēmi-
nam [7]Naxō īnsulā.　Philippidēs[8] quoque, cōmoediārum
poēta haud īgnōbilis, [9]aetāte iam ēditā, cum in certāmine
poētārum praeter spem vīcisset et laetissimē gaudēret,
10 inter illud gaudium repente mortuus est.　Dē Rhodiō
etiam Diagorā celebrāta historia est.　Is Diagorās trēs
fīliōs adulēscentēs habuit, ūnum pugilem[10], alterum pan-
cratiastēn[11], tertium luctātōrem[12].　Eōs omnīs vīdit vincere
corōnārīque Olympiae[13] eōdem diē et, cum ibi eum trēs
15 adulēscentēs amplexī corōnīs suīs in caput patris positīs
sāviārentur[14], cum populus grātulābundus[15] flōrēs undique

1. *That there appears in docu-
ments and has been handed down
by the traditions of men the story
that.*
2. sc. *esse.*
3. The subject.
4. *since their breath was
stifled.*
5. Object of *exspīrāsse.*
6. The learned and distinguished philosopher, born 384
B.C.
7. Locative ablative.
8. A prominent writer of the
New Comedy.　He flourished
about 323 B.C.

9. Par. *in senectūte.*
10. *boxer.*
11. The pancratium was an
athletic contest combining the
best arts of wrestling and box-
ing.　One engaging in such a
contest might be called an 'all-
round athlete.'
12. *wrestler.*
13. The famous spot in Elis
where the Olympic games were
held.
14. *ōsculārentur.*
15. What is the force of the
suffix *-bundus?*

in eum iaceret, ibīdem in stadiō[1], īnspectante populō, in
ōsculis atque in manibus filiōrum, [2]animam efflāvit.

Praetereā in nostrīs annālibus scrīptum lēgimus, [3]quā
tempestāte apud Cannās[4] exercitus populī Rōmānī caesus
est, anum[5] mātrem nūntiō dē morte filī adlāto, lūctū atque 5
maerōre adfectam esse; sed is nūntius nōn vērus fuit atque
is adulēscēns nōn diū post ex eā pūgnā in urbem rediit ;
anus, repente filiō vīsō, cōpiā atque turbā [6]et quasi ruīnā
incidentis inopīnātī[7] gaudī oppressa exanimātaque est.

1. *stadium est locus in quō*   completely crushed a great Ro-
āthlētae certābant.   man army, 216 B.C.

2. Par. *mortuus est.*   5. See p. 110, l. 14.

3. Par. *illō tempore quō.*   6. *and, as it were, storm.*

4. Cannae, the little town in   7. *imprōvīsī, subitī.*
Apulia near which Hannibal

IV, 8.

**120.   Quid C. Fabricius[1] dē Cornēliō Rūfīnō[2] homine avārō 10
dīxerit, quem, cum ōdisset inimīcusque esset, dēsīgnan-
dum[3] tamen cōnsulem cūrāvit.**

Fabricius Luscinus māgnā glōriā vir māgnīsque rēbus
gestīs fuit.   P. Cornēlius Rūfīnus manū quidem[4] strēnuus
et bellātor bonus mīlitārisque disciplīnae [5]perītus admo- 15
dum fuit, sed fūrāx[6] homō et avāritiā ācrī erat.   Hunc
Fabricius nōn probābat neque [7]amīcō ūtēbātur [8]ōsusque

1. See selection **110**, n. 1.   5. *perītus admodum = perītis-*

2. Consul in 290 and 277 B.C.   *simus.*

3. *creandum.* The gerundive   6. *fūr = a thief.* What is the
agreeing with the object is used   force of the suffix -*āx* ?
with *cūrō* to express purpose.   7. See idioms.

4. See Introduction, III, C, *j.*   8. *ōsus . . . fuit = ōderat.*

eum mōrum causā fuit. Sed cum in temporibus reī[1] diffi-
cillimīs cōnsulēs creandī forent[2] et is Rūfīnus peteret
cōnsulātum competītōrēsque ēius essent imbellēs quīdam
et futtilēs[3], summā ope[4] adnīxus est Fabricius utī Rūfīnō
5 cōnsulātus dēferrētur. Eam rem plērīsque admīrantibus,
quod hominem avārum cui esset inimīcissimus, creārī
cōnsulem peteret, "Mālō," inquit, "cīvis mē compīlet[5],
quam hostis vēndat."

[6]Hunc Rūfīnum posteā bis cōnsulātū et dictātūrā fūnc-
10 tum[7] cēnsor Fabricius senātū mōvit [8]ob lūxuriae notam,
quod decem pondō[9] lībrās [10]argentī factī habēret. Id
autem, quod suprā scrīpsī, Fabricium dē Cornēliō Rūfīnō
ita, utī in plērāque historiā scrīptum est, dīxisse, M.
Cicerō nōn aliīs ā Fabriciō, sed ipsī Rūfīnō, [11]grātiās
15 agentī quod ope ēius dēsīgnātus esset[12], dictum esse
refert[13] in librō secundō Dē Ōrātōre.

1. sc. *pūblicae.*
2. *essent.*
3. *vānī, levēs.*
4. *potentiā.*
5. *rob.* sc. *ut ;* so, too, with
vēndat.
6. Or. *Fabricius cēnsor posteā
mōvit hunc Rūfīnum, bis fūnctum
cōnsulātū et dictātūrā, senātū ob,*
etc.

7. *performed the duties of.*
8. *as a reproach for high living.*
9. *in weight.*
10. *argentī factī = silver plate.*
11. See idioms.
12. cf. p. 123, l. 11.
13. *nārrat,* subject is *Cicero.*

V, 2.

121. Super[1] equō Alexandrī rēgis, quī Būcephalās appellātus est.

Equus Alexandrī rēgis et capite et nōmine ' Būcepha-

1. *dē.*

lās[1] ' fuit. Ēmptum[2] Charēs[3] scrīpsit talentīs[4] tredecim et
rēgī Philippō[5] dōnātum[2] ; hōc autem [6]aeris nostrī summa
est sēstertia[7] trecenta duodecim. Super hōc equō dīgnum
memoriā vīsum[8] quod, ubi ōrnātus erat armātusque ad
proelium, [9]haud umquam īnscendī sēsē ab aliō nisi ab   5
rēge passus sit. Id etiam dē istō equō memorātum est,
quod[10], cum īnsidēns in eō Alexander bellō Indicō et
facinora[11] faciēns fortia, in hostium cuneum[12] nōn satis
sibi prōvidēns immīsisset, coniectīsque undique in Alexandrum tēlīs, [13]volneribus altīs in cervīce atque in latere 10
equus perfossus esset[14], moribundus[15] tamen āc prope iam
exsanguis ē mediīs hostibus rēgem vīvācissimō[16] cursū
rettulit atque, ubi eum extrā[17] tēla extulerat, [18]ilicō con-
cidit et [19]dominī iam superstitis sēcūrus quasi cum sēnsūs

1. A Greek compound mean-
ing *ox-head*.

2. sc. *esse*. The subject is
equum understood.

3. A court officer of Alexander, who wrote a history of his life.

4. A talent is a Grecian meas-
ure of value worth about $1080
in gold.

5. Father of Alexander and
king of Macedon, 359–336 B.C.

6. *pecūniae nostrae.*

7. A *sēstertium* == one thou-
sand *sēstertiī*, and a *sēstertius* ==
4.1 cents.

8. sc. *est.*

9. *numquam.*

10. *quod* here, as above, introduces a statement of fact, and

is translated by *that* and followed
by the indicative. Gellius often
uses this construction where the
best writers would use the infinitive with subject accusative.

11. *gesta, facta.*

12. Literally a *wedge*, referring to the arrangement of the
troops in that form.

13. abl. of means.

14. *had been pierced.*

15. What is the force of the
suffix?

16. Ant. *tardissimō.*

17. Ant. *intrā.*

18. Par. *in ipsō tempore in
terram dēcidit.*

19. *now assured of his master's safety.*

hūmānī sōlāciō[1] animam exspīrāvit.   Tum rēx Alexander,
partā ēius bellī victōriā, oppidum in eīsdem locīs condidit
idque [2]ob equī honōrēs ' Būcephalon ' appellāvit.

   1. *satisfaction.*   2. Par. *ut equum honōrāret.*

V, 5.

**122.   Cūiusmodī iocō[1] incavillātus sit[2] Antiochum[3] rēgem
5   Poenus Hannibal[4].**

In librīs veterum memoriārum[5] scrīptum est Hannibalem Carthāginiēnsem [6]apud rēgem Antiochum facētis-
simē[7] cavillātum esse.   Ea cavillātiō[8] hūiuscemodī fuit :
ostendēbat eī Antiochus in campō cōpiās ingentīs quās
10 bellum populō Rōmānō factūrus[9] comparāverat, convertē-
batque exercitum īnsīgnibus argenteīs et aureīs flōren-
tem ; indūcēbat etiam currūs cum falcibus[10] et elephantōs
cum turribus equitātumque frēnīs, ephippiīs[11], monīlibus[12],
phalerīs[13] praefulgentem[14].   Atque ibi rēx, contemplātiōne
15 tantī āc tam ōrnātī exercitūs glōriābundus, Hannibalem
aspicit et " Putāsne," inquit, " cōnferrī[15] posse āc satis

    1. cf. Eng. *joke.*
    2. *mocked, fooled.*
    3. Antiochus the Great, king
of Syria, 223–187 B.C.
    4. The great general who for
sixteen years defied the power
of Rome.   After his final defeat
he fled for refuge to the court
of Antiochus (195 B.C.), whom
he persuaded to make war upon
the Romans.
    5. *historiārum.*

    6. See idioms.
    7. cf. Eng. derivative.
    8. *iocus.*
    9. Expresses purpose.
   10. *scythes.*
   11. *saddles.*
   12. *necklaces.*
   13. *breast decorations.*
   14. *prae* in composition very
often simply strengthens the
meaning of the word; *praefulgēns*
= *brilliantly shining.*

    15. *be compared.*

esse Rōmānīs haec omnia?" Tum Poenus, ēlūdēns[1]
īgnāviam imbelliamque[2] mīlitum ēius pretiōsē[3] armātō-
rum : " Satis, plānē satis esse crēdō Rōmānīs haec omnia,
etiam sī avārissimī sunt." Nihil prōrsum[4] neque[5] tam
lepidē[6] neque tam acerbē dīcī potest : rēx dē numerō   5
exercitūs suī āc [7]dē aestimandā aequiperātiōne quaesīverat, respondit Hannibal dē praedā.

1. *sneering at.*	negation is not destroyed by suc-
2. A post-Augustan word	ceeding negatives, each introduc-
derived from *imbellis = nōn aptus*	ing a separate subordinate mem-
bellō.	ber.
3. *sūmptuōsē, ēleganter.*	6. *neatly.*
4. *at all.*	7. *whether it could be consid-*
5. Remember that a general	*ered on an equality.*

V, 9.

123. Historia de Croesī[1] filiō mūtō ex Hērodotī[2] librīs.

Fīlius Croesī rēgis, cum iam fārī [3]per aetātem posset,
īnfāns erat et, cum iam multum adolēvisset, item nihil   10
fārī quībat[4]. Mūtus adeō[5] et ēlinguis[6] diū habitus est.
[7]Cum in patrem ēius[8], bellō māgnō vīctum et urbe[9] in
quā erat captā, hostis gladiō dēductō, rēgem esse īgnō-
rāns, invāderet[10], dīdūxit[11] adulēscēns ōs, clāmāre nītēns,

1. King of Lydia, 560–546 B.C.	6. Note the etymology.
His name has become synony-	7. Or. *Cum hostis gladiō dē-*
mous with boundless wealth.	*ductō, rēgem esse īgnōrāns, in*
2. The famous Greek histo-	*patrem ēius, bellō māgnō vīctum*
rian known as the "father of his-	*et urbe in quā erat captā, invā-*
tory." He was born 484 B.C.	*deret, adulēscēns ōs dīdūxit,* etc.
3. *so far as his age was con-*	8. *ēius* refers to *adulēscēns.*
cerned.	9. viz. Sardis.
4. *poterat.*	10. *impetum faceret.*
5. *indeed,* strengthens *mūtus.*	11. Ant. *clausit.*

eōque nīsū[1] atque impetū spīritūs vitium[2] nōdumque
linguae rūpit plānēque et articulātē ēlocūtus est, clāmāns
in hostem nē rēx Croesus occīderētur. Tum et hostis
gladium redūxit et rēx vītā dōnātus est et adulēscēns
5 loquī [3]prōrsum deinceps incēpit. Hērodotus in Historiīs
hūius memoriae scrīptor est, ēiusque verba sunt quae
prīma dīxisse fīlium Croesī refert[4] : *Ἄνθρωπε, μὴ κτεῖνε*
Κροῖσον.

Sed et quispiam[6] Samius[7] āthlēta, nōmen illī fuit
10 Ἐχεκλοῦς[8], cum anteā nōn loquēns fuisset, ob similem
dīcitur causam loquī coepisse. Nam cum in sacrō certāmine sortītiō[9] inter ipsōs et adversāriōs nōn bonā fidē
fieret et sortem nōminis[10] falsam subicī[11] animadvertisset,
repente in eum quī id faciēbat, vidēre sēsē quid faceret,
15 māgnum[12] inclāmāvit. Atque is ōris vinculō solūtus [13]per
omne inde vītae tempus [14]nōn turbidē neque adhaesē locūtus est.

1. *cōnātū.*

2. *impedīmentum.*

3. *right along thereafter.*

4. *nārrat.*

5. *Cavē, homō, nē Croesum*
occīdās.

6. *quīdam.*

7. Samos is a large island in
the Aegean Sea.

8. *Echeclūs.*

9. *a casting of lots (sortēs).*
The lots were usually bits of

wood containing the names of
the contestants.

10. gen. of specification depending on *falsam,* A. 218 *c;*
H. 399, III, 1.

11. *being substituted.*

12. *māgnā vōce.*

13. Par. *prōrsum deinceps,*
see l. 5.

14. Par. *plānē et articulātē,*
cf. l. 2.

VI,

124. Historia dē Polō histriōne¹ memorātū dīgna.

Histriō in terrā Graeciā fuit fāmā celebrī, quī ²gestūs
et vōcis clāritūdine et venustāte cēterīs antistābat³: nōmen
fuisse āiunt Polum, tragoediās poētārum nōbilium scītē
atque adsevērātē⁴ āctitāvit⁵. Is Polus ūnicē amātum
fīlium morte āmīsit. Eum lūctum⁶ quoniam satis vīsus 5
est ēlūxisse⁷, rediit ad quaestum artis.

In eō tempore Athēnīs Ēlectram⁸ Sophoclis⁹ āctūrus,
gestāre urnam quasi cum Orestī ossibus dēbēbat. ¹⁰Ita
compositum fābulae argūmentum est ut ¹¹velutī frātris
reliquiās ferēns Ēlectra complōret commisereāturque ¹²in- 10
teritum ēius exīstimātum. Igitur Polus, lūgubrī habitū
Ēlectrae indūtus¹³, ossa atque urnam ē sepulcrō tulit fīlī
et, quasi Orestī amplexus, opplēvit omnia nōn simulācrīs
neque imitāmentīs, sed lūctū atque lāmentīs ¹⁴vērīs et
spīrantibus. Itaque cum agī fābula vidērētur, ¹⁵dolor 15
āctus est.

1. *actor.*
2. Or. *venustāte gestūs et clāritūdine vōcis.*
3. *praestābat, superior erat.*
4. *earnestly.*
5. What is the force of the
suffix?
6. Ant. *gaudium.* For construction, see Introduction, IV,
16, 4, *c.*
7. *to have finished mourning
over.*
8. In the play a funeral urn
is brought to the heroine, Elec-

tra, which is supposed to contain the ashes of her brother
Orestes.
9. The greatest of Greek tragedians, 495–406 B.C.
10. Or. *argūmentum fābulae
ita compositum est.*
11. *velutī . . . ferēns* = *believ-
ing that she is carrying.*
12. Par. *mortem ēius crēditam.*
13. *vestītus, amictus.*
14. The adjectives modify *lūctū* as well as *lāmentīs.*
15. *real sorrow.*

VI, 18.

125. Dē observātā custōdītāque apud Rōmānōs iūris iūrandī sānctimōniā; [2]atque inibi dē decem captīvīs, quōs Rōmam Hannibal dēiūriō[3] ab hīs acceptō lēgāvit[4].

　　Iūs iūrandum apud Rōmānōs inviolātē sānctēque habi-
5　tum servātumque est. Id et mōribus lēgibusque multīs
ostenditur, et hōc quod dīcēmus eī reī nōn tenue argūmentum esse potest. Post proelium Cannēnse[5] Hannibal,
Carthāginiēnsium imperātor, ex captīvīs nostrīs ēlēctōs
decem Rōmam mīsit mandāvitque eīs [6]pactusque est ut,
10　sī populō Rōmānō vidērētur, permūtātiō fieret captīvōrum
et [7]prō hīs quōs alterī plūrēs acciperent, darent argentī
pondō libram et sēlibram[8]. Hōc, priusquam proficīsce-
rentur, iūs iūrandum eōs adēgit[9], reditūrōs esse in castra
Poenica, sī Rōmānī captīvōs nōn permūtārent.
15　Veniunt Rōmam decem captīvī. Mandātum Poenī
imperātōris in senātū expōnunt. Permūtātiō senātuī
nōn placita[10]. Parentēs, [11]cōgnātī adfinēsque captīvōrum
amplexī eōs, postlīminiō[12] in patriam redīsse dīcēbant sta-

---

1. Remember that a perfect participle is often best translated by a participial or verbal noun with *of.*

2. See **111**, n. 1.

3. Found only in Gellius = *iūre iūrandō.*

4. *lēgātōs mīsit.*

5. The battle of Cannae (216 B.C.), in which the Romans suffered a most disastrous defeat.

6. Par. *pactum fēcit.* cf. Eng. com-*pact.*

7. *in return for those whom*

either *party should receive in excess* (*of the other*).

8. *a half-pound.*

9. *to bind some one by an oath* is usually expressed *iūre iūrandō aliquem adigere,* but here *adigō* takes two accusatives.

10. sc. *est.*

11. *kinsmen and relatives.*

12. *by the right of postliminium.* By this is meant the right to resume one's former place in civil affairs.

tumque eōrum integrum incolumemque esse, āc nē ad
hostēs redīre vellent ōrābant. Tum octō ex hīs postlī-
minium iūstum nōn esse sibi respondērunt quoniam dēiūriō vinctī forent[1], statimque, uti iūrātī erant[2], ad
Hannibalem profectī sunt. Duo reliquī Rōmae mānsē- 5
runt solūtōsque[3] esse sē āc līberātōs religiōne[4] dīcēbant,
quoniam, cum ēgressī castra[5] hostium fuissent, commen-
tīciō[6] cōnsiliō regressī eōdem[7], tamquam sī ob aliquam
fortuītam causam, īssent atque ita iūre iūrandō satisfactō
rūrsum iniūrāti[8] abīssent. Haec eōrum fraudulenta[9] 10
calliditās[10] tam esse turpis exīstimāta est, ut contemptī
volgō[11] discerptīque[12] sint cēnsōrēsque eōs posteā omnium
notārum[13] et damnīs et īgnōminiīs adfēcerint, quoniam
[14]quod factūrōs dēierāverant nōn fēcissent.

1. *adāctī essent.*
2. A deponent verb.
3. Ant. *vinctōs.*
4. *iūre iūrandō.*
5. Object of *ēgressī fuissent,*
which is used transitively.
6. *devised, false, preconcerted.*
7. An adv. = *in eundem locum.*
8. Ant. *iūrātī.*

9. What is the force of the
suffix?
10. *cunning.*
11. Par. *ab omnibus.*
12. *reviled.*
13. *nota = sign* or *mark*, is
here used of the mark against
the name of a degraded citizen
on the censor's list.

14. Par. *quod sē factūrōs esse pactī erant.*

VII, 17.

126. Quis omnium prīmus librōs pūblicē praebuerit[1] legen-
dōs[2]; quantusque numerus fuerit Athēnīs [3]ante clādēs
Persicās librōrum in bibliothēcīs pūblicīs.

Librōs Athēnīs disciplīnārum līberālium pūblicē ad
5 legendum praebendōs prīmus posuisse dīcitur Pīsistra-
tus[4] tyrannus. Posteā studiōsius accūrātiusque ipsī
Athēniēnsēs auxērunt[5]; sed omnem illam posteā librōrum cōpiam Xerxēs[6], Athēnārum potītus[7], urbe ipsā
praeter arcem incēnsā, abstulit asportāvitque[8] in Persās.
10 Eōs porrō[9] librōs ūniversōs multīs post tempestātibus
Seleucus[10] rēx, quī Nīcātor appellātus est, referendōs
Athēnās cūrāvit[11].

Ingēns posteā numerus librōrum in Aegyptō ab Ptole-
maeīs[12] rēgibus [13]vel conquīsītus vel cōnfectus est ad mīlia
15 fermē volūminum septingenta ; sed ea omnia bellō priōre
Alexandrīnō[14], dum dīripitur ea cīvitās, nōn sponte neque

1. *dederit.*

2. Remember that after verbs
of giving, permitting, and the
like, the gerundive in agreement
with the object is used to express
purpose.

3. Par. *ante bella Persica.*

4. Tyrant of Athens, 560–527
B.C. He adorned Athens with
many beautiful public buildings
and did much to encourage literature.

5. sc. *numerum librōrum* as
object.

6. The famous invasion of
Xerxes was in 480 B.C.

7. *potior* often takes the genitive.

8. For *abs-portāvit.*

9. *posteā, deinde.*

10. One of Alexander's gen-
erals and founder of the Syrian
monarchy, reigned 312–280 B.C.

11. *cūrō* is used with the accusative and gerundive expressing purpose in the sense of *to
see to, order.*

12. This applies especially to
Ptolemy Soter (323–285 B.C.),
and to his son Ptolemy Phila-
delphus (285–247 B.C.).

13. *either collected or made.*

14. 48–47 B.C.

operā cōnsultā, sed ā mīlitibus forte auxiliāribus incēnsa sunt[1].

1. The library was soon restored and continued in a flourishing condition until destroyed by the Arabs, 640 A.D.

IX, 3.

127. Epistula Philippī[1] rēgis ad Aristotelem[2] philosophum super Alexandrō[3] recēns[4] nātō.

Philippus, Amyntae[5] fīlius, terrae Macedoniae rēx, 5
cūius virtūte industriāque Macetae[6], locuplētissimō[7] imperiō auctī, [8]gentium nātiōnumque multārum potīrī coeperant et cūius vim atque arma tōtī Graeciae [9]cavenda metuendaque inclutae[10] illae Dēmosthenis[11] ōrātiōnēs cōntiōnēsque[12] vōcificant[13], is Philippus, cum in omnī ferē 10
tempore negōtiīs bellī victōriīsque adfectus exercitusque[14]
esset, ā līberālī tamen Mūsā et ā studiīs hūmānitātis

1. See p. 125, l. 2.
2. See p. 122, l. 6. Alexander became the pupil of Aristotle and had the highest regard for him.
3. Alexander the Great (356–323 B.C.), the well-known conqueror of the world.
4. An adverb = *recenter*, *nūper*.
5. King of Macedon, 393–369 B.C.
6. *Macedonēs.*
7. *dītissimō.*
8. The genitives depend upon *potīrī.*

9. sc. *esse.* The participles agree with *vim atque arma.* The infinitives depend upon *vōcificant.*
10. *clārae.*
11. The reference is to the famous orations known as the Philippics and Ólynthiacs, by means of which Demosthenes vainly strove to resist the aggressions of Philip.
12. *harangues.*
13. *dēmōnstrant, dēclārant.*
14. A perf. part. used as a predicate adjective = *vexātus.*

numquam āfuit quīn[1] [2]lepidē cōmiterque plēraque et
faceret et dīceret.   Feruntur adeō[3] librī epistulārum ēius,
munditiae[4] et venustātis et prūdentiae plēnārum, velut
sunt illae litterae quibus Aristotelī philosophō nātum esse
. 5   sibi Alexandrum nūntiāvit.

Ea epistula, quoniam [5]cūrae dīligentiaeque in līberōrum
disciplīnās hortāmentum[6] est, exscrībenda vīsa est ad com-
monendōs parentum animōs.   Expōnenda[7] est igitur ad
hanc fermē sententiam :

10   " Philippus Aristotelī [8]salūtem dīcit.

Fīlium mihi genitum scītō.   Quod[9] equidem dīs habeō
grātiam[10], nōn [11]proinde quia nātus est quam prō eō, quod
nāscī contigit temporibus vītae tuae.   Spērō enim fore
ut, ēductus ērudītusque ā tē, dignus exsistat et nōbīs et
15   [12]rērum istārum susceptiōne."

1. *ut nōn.*

2. *neatly and courteously.*

3. *vērō.*

4. *ēlegantiae.*

5. Objective genitives depending on *hortāmentum.*

6. What is the force of the
suffix *-mentum ?*

7. *reddenda.*   Philip naturally wrote in Greek.

8. See idioms.

9. acc. of specification, literally *as to which.*

10. See idioms.

11. *proinde . . . quam = aequē*
or *pariter . . . āc.*

12. Par. *suī rēgnī.*

N. B. The remaining selections have for their purpose a final test of the ability
to read at sight. They are not more difficult than those immediately preceding, but
the accompanying notes contain no information bearing directly upon the translation.

X, 7.

**128. Flūminum quae ūltrā imperium Rōmānum fluunt
prīmā māgnitūdine esse Nīlum, secundā Histrum[1], proximā Rhodanum, sīcutī M. Varrōnem[2] meminī scrībere.**

Omnium flūminum quae in maria, quā imperium Rōmānum est, fluunt, quam[3] Graecī ʼτὴν εἴσω θάλασσαν appel- 5
lant, māximum esse Nīlum cōnsentītur.   Proximā māgnitūdine esse Histrum scrīpsit Sallustius[5].   Varrō autem
cum dē parte orbis quae Eurōpa dīcitur, dissereret, in
tribus prīmīs ēius terrae flūminibus Rhodanum esse pōnit,
per quod vidētur eum facere Histrō aemulum.   Histros 10
enim quoque in Eurōpā fluit.

1. The Danube.
2. See p. 109, l. 5.
3. The relative is here at-
tracted to agree with θάλασσαν.

4. *The inner sea*, i.e. the Med-
iterranean.
5. C. Sallustius Crispus, the
Roman historian, 86–34 B.C.

X, 10.

**129. Quae ēius reī causa sit quod et Graecī veterēs et
Rōmānī ānulum hōc digitō gestāverint quī est in manū
sinistrā minimō proximus.**

Veterēs Graecōs ānulum habuisse in digitō accēpimus 15
sinistrae manūs quī minimō est proximus.   Rōmānōs
quoque hominēs āiunt sīc plērumque ānulīs ūsitātōs.
Causam esse hūius reī Apiōn[1] in librīs Aegyptiacīs hanc

1. Apion, a Greek gramma-
rian, was born in Egypt and
studied at Alexandria.   He

taught rhetoric at Rome in the
first century A.D.   His work on
Egypt was in five books.

dīcit, quod īnsectīs apertīsque hūmānīs corporibus, ut
mōs in Aegyptō fuit, quās Graecī ἀνατομὰς[1] appellant,
repertum est nervum quendam tenuissimum ab eō ūnō
digitō dē quō dīximus, ad cor hominis pergere āc per-
5 venīre; proptereā nōn īnscītum vīsum esse eum potissi-
mum digitum tālī honōre decorandum, quī continēns et
quasi cōnexus esse cum prīncipātū cordis vidērētur.

1. *dissection.*

X, 27.

**130. Historia dē populō Rōmānō dēque populō Poenicō,
quod parī prope modum vigōre fuerint aemulī.**

10 In litterīs veteribus memoria exstat quod pār quondam
fuit vigor et ācritūdō amplitūdōque populī Rōmānī atque
Poenī. Neque immeritō aestimātum. Cum aliīs quidem
populīs dē ūnīuscūiusque rē pūblicā, cum Poenīs autem
dē omnium terrārum imperiō dēcertātum.

15 Eius reī specimen est in illō utrīusque populī verbō
factōque : Q. Fabius[1], imperātor Rōmānus, dedit ad
Carthāginiēnsēs epistulam. Ibi scrīptum fuit populum
Rōmānum mīsisse ad eōs hastam et cādūceum[2], sīgna
duo bellī aut pācis, ex quīs[3] utrum vellent ēligerent;
20 quod ēlēgissent, id ūnum ut esse missum exīstimārent.
Carthāginiēnsēs respondērunt neutrum sēsē ēligere; sed
posse, quī attulissent, utrum māllent relinquere; quod
relīquissent, id sibi prō ēlēctō futūrum.

1. Quintus Fabius Maximus
was most active against Hannibal in the Second Punic War.
His extreme caution gave him
the surname of Cunctator, or
Delayer. He died 203 B.C.

2. The *caduceus* was a herald's staff, originally an olive
branch, and hence a sign of
peace.

3. A contraction for *quibus.*

M. autem Varrō¹ nōn hastam ipsam neque ipsum cādūceum missa dīcit, sed duās tesserulās, in quārum alterā
cādūceum in alterā hastae simulācra fuerint incīsa.

1. See selection **111**, n. 2.

XI, 14.

**131. Sōbria et pulcherrima Rōmulī¹ rēgis respōnsiō circā
vīnī ūsum.** 5

Simplicissimā suāvitāte et reī et ōrātiōnis L. Pisō
Frūgī² ūsus est in prīmō Annālī, cum dē Rōmulī rēgis
vītā atque vīctū scrīberet. Ea verba quae scrīpsit haec
sunt : Eundem Rōmulum dīcunt, ad cēnam vocātum, ibi
nōn multum bibisse, quia postrīdiē negōtium habēret. Eī 10
dīcunt : " Rōmule, sī istud omnēs hominēs faciant, vīnum
vīlius sit." Hīs respondit : " Immō vērō cārum, sī quantum quisque volet bibat ; nam egō bibī quantum voluī."

1. Romulus, the chief founder
and first king of Rome, 753 B.C.
2. Lucius Piso, surnamed
Frugi, or 'man of honor,' be-
cause of his integrity, was tribune 149 B.C. His Annals contained the history of Rome from
the earliest period to his own age.

XII, 8.

**132. Redditiōnēs in grātiam nōbilium virōrum memorātū
dignae.** 15

P. Āfricānus¹ superior et Tiberius Gracchus², Tiberī

1. This refers to Scipio Africanus Major, born 234 B.C. He
was unquestionably one of the
greatest men of Rome. His
greatest exploit was his brilliant
victory over Hannibal, 202 B.C.
See pp. 69–87.
2. Tiberius Gracchus, a distinguished general who won renown in Spain and Sardinia. He
was tribune, praetor, censor, and
twice consul. His public life
was embraced between the years
187 and 163 B.C.

et C. Gracchōrum[1] pater, rērum gestārum māgnitūdine
et honōrum atque vītae dīgnitāte inlūstrēs virī, dissēnsē-
runt saepenumerō dē rē pūblicā et eā sīve quā aliā rē
nōn amīcī fuērunt. Ea simultās cum diū mānsisset et
5 sollemnī diē epulum Iovī lībārētur atque ob id sacrificium
senātus in Capitōliō epulārētur, fors fuit ut apud eandem
mēnsam duo illī iūnctim locārentur. Tum, quasi diīs
immortālibus arbitrīs in convīviō Iovis optimī māximī
dexterās eōrum condūcentibus, repente amīcissimī factī.
10 Neque sōlum amīcitia incepta, sed adfīnitās simul īnstitūta; nam P. Scīpiō fīliam virginem habēns iam virō
mātūram, ibi tunc eōdem in locō dēspondit eam Tiberiō
Gracchō, quem probāverat ēlēgeratque explōrātissimō
iūdicī tempore dum inimīcus esset.

15   Aemilius quoque Lepidus[2] et Fulvius Flaccus[3], nōbilī
genere amplissimīsque honōribus āc summō locō in cīvi-
tāte praeditī, odiō inter sēsē gravī et simultāte diūtinā
cōnflictātī sunt. Posteā populus eōs simul cēnsōrēs facit.

Atque illī, ubi vōce praecōnis renūntiātī sunt, ibīdem in
20 Campō[4] statim, nōndum dīmissā cōntiōne, ūltrō uterque
et parī voluntāte coniūnctī complexīque sunt, exque eō

---

1. These are the famous trib-
unes who gave their lives in a
vain attempt to redress the
wrongs of the people. Tiberius
was killed by a mob, 133 B.C.,
Caius, 121 B.C.

2. A distinguished Roman
who died 152 B.C., full of years
and honors.

3. Gellius is mistaken in the
man. It should be M. Fulvius

Nobilior, who was censor with
Lepidus, 179 B.C. Livy, the Roman historian, tells this story
about them, Bk. XL, 45 and 46.

4. The Campus Martius, a
large plain outside the city walls
in the bend of the Tiber, north-
west of the Capitoline. It was
used for elections and large
assemblies.

diē et in ipsā cēnsūrā et posteā iūgī concordiā fīdissimē amīcissimēque vīxērunt.

XIII, 2.

133. Super poētārum Pācuvī[1] et Accī[2] conloquiō familiārī in oppidō Tarentīnō.

Quibus ōtium et studium fuit vītās atque aetātēs doc- 5
tōrum hominum quaerere āc memoriae trādere, dē M.
Pācuviō et L. Acciō tragicīs poētīs historiam scrīpsērunt
hūiuscemodī: "Cum Pācuvius," inquiunt, "grandī iam
aetāte et morbō corporis diūtinō adfectus, Tarentum[3]
ex urbe Rōmā concessisset, Accius tunc, haud parvō 10
iūnior, proficīscēns in Asiam, cum in oppidum vēnisset,
dēvertit ad Pācuvium cōmiterque invītātus plūsculīsque
ab eō diēbus retentus, tragoediam suam, cui Atreus
nōmen est, dēsīderantī lēgit." Tum Pācuvium dīxisse
āiunt sonōra quidem esse quae scrīpsisset, et grandia; 15
sed vidērī tamen ea sibi dūriōra paulum et acerbiōra.
"Ita est," inquit Accius, "utī dīcis; neque id mē sānē
paenitet: meliōra enim fore spērō quae posteā scrībam.
Nam quod in pōmīs, itidem," inquit, " esse āiunt in inge-
niīs; quae dūra et acerba nāscuntur, post fiunt mītia et 20
iūcunda; sed quae gīgnuntur statim viēta et mollia atque
in prīncipiō sunt ūvida, nōn mātūra mox fiunt, sed putria.

1. See p. 114, l. 5.
2. Lucius Accius, an early Roman tragic poet, was born 170 B.C. We possess only fragments of his tragedies, but they are spoken of in terms of admiration by the ancient writers.
3. A large city in southern Italy.

[1]Relinquendum igitur vīsum est in ingeniō quod diēs
atque aetās mītificet."

1. Dr. Knapp, in his edition
of Gellius, aptly quotes as follows from a modern critic : " The
young man whose essay shows
nothing turgid, no ungraceful
ornament or flashy rhetoric, will
never do much as a writer."

XV, 16.

134. Dē novō genere interitūs Crotōnlēnsis Mīlōnis.

Milō[1] Crotōniēnsis[2], āthlēta inlūstris, quem in Chroni-
5 cīs scrīptum est [3]Olympiade LXII prīmum corōnātum
esse, exitum habuit ē vītā miserandum et mīrandum.
Cum iam nātū grandis artem āthlēticam dēsīsset iterque
faceret forte sōlus in locīs Ītaliae silvestribus, quercum
vīdit proximē viam patulīs in parte mediā rīmīs hiantem.
10 Tum experīrī, crēdō, etiam tunc volēns, an ūllae sibi
reliquae vīrēs adessent, immissīs in cavernās arboris
digitīs, dīdūcere et rescindere quercum cōnātus est.
Āc mediam quidem partem dīscidit dīvellitque ; quercus
autem in duās dīducta partīs, cum ille, quasi perfectō

1. Milo was one of the most
famous athletes of ancient times.
He was six times victor in wrestling at the Olympic games and
six times at the Pythian. His
bodily strength was extraordinary, and many stories are told
of his wonderful feats, such as
carrying a heifer of four years
old on his shoulder through the
stadium at Olympia.

2. Croton, or Crotona, was
one of the largest and most powerful towns in southern Italy.
It owed much of its greatness to
Pythagoras, the famous philosopher, who established his school
here.

3. The Olympic games were
first celebrated 776 B.C., and
thereafter every fourth year.
The intervening four years was
called an Olympiad. The LXII
Olympiad, therefore, would be
the years 532–528 B.C.

quod erat cōnīxus, manūs laxāsset, cessante vī rediit in
nātūram, manibusque ēius retentīs inclūsīsque, stricta dēnuō et cohaesa dīlacerandum hominem ferīs praebuit.

XV, 18.

**135. Quod pūgna[1] bellī cīvīlis victōriaque Gāī Caesaris
quam vīcit in Pharsāliīs campīs, nūntiāta praedictaque** 5
**est per cūiuspiam sacerdōtis vāticinium eōdem ipsō diē
in Ītaliā Patavī[2].**

Quō C. Caesar et Cn. Pompēius diē per cīvīle bellum
sīgnīs conlātīs in Thessaliā cōnflixērunt, rēs accidit
Patavī in Trānspadāna Ītaliā memorārī dīgna. Cornē- 10
lius quīdam sacerdōs, et nōbilis et sacerdōtī religiōnibus
venerandus et castitāte vītae sānctus, repente [3]mōtā mente,
cōnspicere sē procul dīxit pūgnam ācerrimam pūgnārī, āc
deinde aliōs cēdere aliōs urgēre, caedem, fugam, tēla
volantia, īnstaurātiōnem pūgnae, impressiōnem, gemitūs, 15
volnera, proinde ut sī ipse in proeliō versārētur, cōram
vidēre sēsē vōciferātus est āc posteā subitō exclāmāvit
Caesarem vīcisse.

Ea Cornēlī sacerdōtis hariolātiō levis tum quidem vīsa
est et vēcors. Māgnae mox admīrātiōnī fuit quoniam 20
nōn modo pūgnae diēs quae in Thessaliā pūgnāta est,
neque proelī exitus quī erat praedictus, īdem fuit, sed
omnēs quoque pūgnandī vicissitūdinēs et ipsa exercituum

1. This refers to the battle of
Pharsalia in Thessaly, 48 B.C., in
which Caesar defeated Pompey
and became master of the world.

2. Patavium, now Padua, was,
under the Romans, the most important city in northern Italy.

3. The ancients believed that
the minds of men could be
moved or inspired by the gods
to prophesy. This was called
vāticinium or *hariolātiō.*

duōrum cōnflīctātiō vāticinantis mōtū atque verbīs re-
praesentāta est.

XVII, 17.

136. **Mithradātem[1], Pontī rēgem, duārum et vīgintī gentium
linguīs locūtum ; Quīntumque Ennium[2] tria corda habēre
5   sēsē dīxisse quod trīs linguās scīret, Graecam, Oscam,
Latīnam.**

Quīntus Ennius tria corda habēre sēsē dīcēbat quod
loquī Graecē et Oscē et Latīnē scīret.   Mithradātēs
autem, [3]Pontī atque Bīthȳniae rēx inclutus, quī ā Cn.
10 Pompēiō bellō superātus est, duārum et vīgintī gentium
quās sub diciōne habuit, linguīs locūtus est eārumque
omnium gentium cum virīs haud umquam per interpretem
conlocūtus est, sed ut quemque ab eō appellārī ūsus fuit,
proinde linguā et ōrātiōne ipsīus nōn minus scītē quam
15 sī gentīlis ēius esset, locūtus est.

1. Mithradates, surnamed the
Great, made three wars against
the Romans.   He was finally
subdued by Pompey, 65 B.C.
Cicero calls him the greatest of
all kings after Alexander.

2. Ennius, 239–169 B.C., was
regarded by the Romans as the

father of their poetry. His most
important work was an epic
poem called the Annals, being
a history of Rome. All his
works are lost excepting a few
fragments.

3. Pontus and Bithynia are
provinces in Asia Minor.

XIX, 3.

**137.   Quod turpius est frīgidē laudārī quam acerbius
vituperārī.**

Turpius esse dīcēbat Favōrīnus[1] philosophus exiguē
atque frīgidē laudārī quam īnsectanter et graviter vitupe-

1. One of Gellius' teachers, see p. 106.

rārī : "Quoniam," inquit, "quī maledīcit et vituperat,
quantō id acerbius facit tantō magis ille prō inimīcō et
inīquō dūcitur, et plērumque, proptereā, fidem nōn capit.
Sed quī īnfēcundē atque iēiūnē laudat, dēstituī ā causā
vidētur et ¹amīcus quidem crēditur ēius quem laudāre 5
volt, sed nihil posse reperīre quod iūre laudet."

1. cf. our expression, 'to damn a friend with faint praise.'

XX, 7.

138. Quam dīversae Graecōrum sententiae super numerō Niobae¹ fīliōrum.

Mīra et prope adeō rīdicula dīversitās fābulae apud
Graecōs poētās dēprēnditur super numerō Niobae filiō- 10
rum. Nam Homērus² puerōs puellāsque ēius bis sēnōs
dīcit fuisse, Eurīpidēs³ bis septēnōs, Sapphō⁴ bis novēnōs,
Bacchylidēs⁵ et Pindarus⁶ bis dēnōs, quīdam aliī scrīptōrēs trēs fuisse sōlōs dīxērunt.

1. Niobe, the wife of Am-
phion, the king of Thebes, being
proud of the number of her children, deemed herself superior to
Latona, who had but two, Apollo and Diana. As a punishment
her children were all killed by
the shafts of the archer god and
his sister.

2. Homer, the great epic poet
of Greece, may have lived about
900 B.C.

3. Euripides followed Sopho-

cles as the foremost writer of
Greek tragedy, 480–406 B.C.

4. Sappho, the greatest of ancient poetesses, lived in the sev-
enth century B.C. and wrote
lyrics.

5. Bacchylides, one of the
great lyric poets of Greece, flourished about 470 B.C.

6. Pindar, the greatest lyric
poet of Greece, was born about
522 B.C.

PRONOUNCING VOCABULARY

OF

GREEK AND LATIN PROPER NAMES.

——◆◇◆——

N.B. *ae* and *oe* are pronounced as *e* would be in the same situation.

A.

Ac'ci-us (ak'shi-us).
A-chil'les̩.
A-cris'i-us (a-krizh'i-us).
Ad-me'ta.
Ae'a-cus.
Ae'ġypt.
Ae-ġyp'ti-i (e-jip'shi-i).
Aem'i-li-a'nus.
Ae-mil'i-us.
Ae-thi'o-pes̩.
Af'ri-ca'nus.
Al'ci-bi'a-des̩.
Alc-me'na.
Al'ex-an'der.
Am'a-zon.
Am-bra'ci-a (am-bra'shi-a).
Am'mon.
A-myn'tas.
An-drom'e-da.
An'ti-as (an'shi-as).
An-ti'o-chus.
A'pi-on.
A-pol'lo.
Ar-ca'di-a.
Ar-gol'i-cus.
Ar'go-lis.
Ar'is-tot'e-les̩.

A-sel'lus.
A'si-a (a'shi-a).
A'si-at'i-cus.
A-te'i-us (a-te'yus).
A-ter'ni-us.
A-til'i-us.
At'las.
A'treus.
Au-ġe'as.
Au'lus.

B.

Bac-chyl'i-des̩.
Bag'ra-da.
Bib'u-lus.
Bi-thyn'i-a.
Bu-ceph'a-las.
Bu-si'ris.

C.

Ca'cus.
Cae'ṣar.
Can'nae.
Ca-nu'si-um (ka-nu'zhi-um).
Cap'i-to.
Cap'i-to'li-um.
Car-thaġ'i-ni-en'seṣ.
Car-tha'go.
Ca'to.

Cel'ti-be'ri.
Ce-nae'us.
Cen-tau'rus.
Ce'pheus.
Cer'be-rus.
Ce'res̩.
€ha'res̩.
€ha'ron.
Ciç'e-ro.
Clau'di-us.
Clyp'e-a.
Cor-ne'li-a.
Cor-ne'li-us.
Cras'-sus.
Cre'on.
Cre'ta.
Croe'sus.
Cro-to'na.

D.

Dan'a-e.
De-i'a-ni'ra
  (de-ya-ni'ra).
Del'phi-cus.
De-mos'the-nes̩.
Den-ta'tus.
Di-aġ'o-ras.
Di'o-me'des̩.

E.

Ech'e-clus.
E-lec'tra.
E'lis.
E-lyg'i-an (e-lizh'i-an).
En'ni-us.
Eph'e-sus.
Er-gi'nus.
Er'y-man'thus.
Er'y-thi'a.
Eu'no-mus.
Eu-rip'i-des.
Eu-ro'pa.
Eu-rys'theus.
Eu-ryt'i-on (yu-rish'-un).
Eu'ry-tus.

F.

Fa'bi-a.
Fa'bi-us.
Fa-bric'i-us (fa-brish'i-us).
Fav'o-ri'nus.
Flac'cus.
Flam'i-ni'nus.
Ful'vi-us.
Fu'ri-us.

G.

Ga'i-us (ga'yus).
Gal'ba.
Gal'li-a.
Gal'lus.
Gel'li-us.
Ge'ry-on.
Gor'go-nes.
Grac'chus.
Grae'ae.
Grae'ci-a (gre'shi-a).

H.

Ha'des.
Han'ni-bal.
Han'no.
Has'dru-bal.
Her'cu-les.
He-rod'o-tus.
He-si'o-ne.
Hes-per'i-des.
Hip-pol'y-te.
His-pa'ni.
His-pa'ni-a.
His'ter.
Hy'dra.
Hy-gi'nus.

I.

I'o-la'us.
I'o-le.
Iph'i-cles.
I-ta'li-a.

J.

Ju'li-us.
Ju'no.
Ju'pi-ter.

L.

Laç'e-dae-mo'ni-i.
La-co'ni-a.
Lae'li-us.
La-om'e-don.
La-ris'sa.
Len'tu-lus.
Lep'i-dus.
Ler'na.
Ler-nae'an.
Le'the.
Lib'y-a.

Li'chas.
Lig'u-res.
Li-gu'ri-a.
Li'nus.
Lit'er-ni'num.
Lu'ci-us (lu'shi-us).
Lu-cul'lus.
Lus'ci-nus.

M.

Maç'e-don.
Maç'e-do'ni-a.
Maç'e-don'i-cus.
Maç'e-tae.
Ma-nil'i-us.
Mar'ci-us (mar'shi-us).
Mar'cus.
Mars.
Mas'i-nis'sa.
Mas-si'va.
Mau'ri.
Me-du'sa.
Mer-cu'ri-us.
Me-tel'lus.
Mi'lo.
Mi-ner'va.
Mi'nos.
Min'y-ae.
Mith'ra-da'tes.
Mum'mi-us.

N.

Nae'vi-us.
Ne-mae'a.
Nep-tu'nus.
Ne'ro.
Nes'sus.
Ni-ca'nor.

Niç'i-as (nish'i-as).
Ni'lus.
Ni'o-be.
Nu-man'ti-a (nu-man'shi-a).
Nu'man-ti'ni.
Nu'mi-da.
Nu-mid'i-a.

O.

O-ce'a-nus.
Oe-cha'li-a.
Oe'neus.
Oe'ta.
O-lym'pi-a.
O-lym'pus.
Or'cus.
O-res'tes.
Os'can.

P.

Pa-cu'vi-us.
Pa-pir'i-us.
Pa-ta'vi-um.
Pau'lus.
Per'sa.
Per'seus.
Phar-sa'li-a.
Phi-lip'pi.
Phi-lip'pi-des.
Phi-lip'pus.
Phi'lus.
Pho'lus.
Pin'da-rus.
Pi-sis'tra-tus.
Plau'tus.
Plu'to.
Poe'ni.
Po'lus.
Po-lyb'i-us.

Po-lyc'ri-ta.
Pol'y-dec'tes.
Pom-pe'i-us (-yus).
Pon'tus.
Por'ci-us (por'shi-us).
Prae'tex-ta'tus.
Pro-ser'pi-na.
Ptol'e-my (tol'e-my).
Pub'li-us.
Pyr'rhus.
Pyth'i-a.

Q.

Quad'ri-ga'ri-us.
Quin'tus.
Qui-ri'tes.

R.

Reg'u-lus.
Rhad'a-man'thus.
Rhod'a-nus.
Ru-fi'nus.

S.

Sal-lus'ti-us.
Sam-ni'tes.
Sam'o-thra'ce.
Sap'pho (saf'o).
Scip'i-o.
Se-leu'cus.
Se'na.
Sen'e-ca.
Se-ri'phus.
Sib'yl-li'ni.
Si-cil'i-a.
Si-cin'i-us.
Sic'u-li.
Soc'ra-tes.
Soph'o-cles.

Spu'ri-us.
Stym-pha'lus.
Sul-pic'i-us (sul-pish'i-us).
Su-per'bus.
Sy'phax.
Syr'a-cuse.
Syr'i-a.

T.

Taen'a-rum.
Tar-pe'i-us (-yus).
Tar-quin'i-us.
Tar'ta-rus.
Ter'ti-a (ter'shi-a).
The'bae.
The-ba'ni.
Ther-mo'don.
Thes-sa'li-a.
Thra'ci-a (thra'shı-a).
Tib'e-ris.
Ti-be'ri-us.
Ti-ci'nus.
Ti-moch'a-res.
Ti'ro.
Ti'ryns.
Tro'ja.
Tro-ja'ni.
Tul'li-us.
Tus'cu-lum.

V.

Vol-ca'nus.

X.

Xan-thip'pe.
Xan-thip'pus.
Xerx'es.

Z.

Za'ma.